OSTFRIESLAND
MIT OSTFRIESISCHEN INSELN

OSTFRIESLAND
MIT
OSTFRIESISCHEN INSELN

DIE 99 BESONDEREN SEITEN DER REGION

entdeckt von Christine Lendt

mitteldeutscher verlag

Inhaltsverzeichnis

Tatort
Taraxacum
rimibuchhandlung • Café & Weinstube

Regionen von herber Schönheit

Ostfriesland, das sind grüne Küstenlandschaften und von Traumstränden gesäumte Inseln, Leuchttürme, Deiche und Tee mit Kandiszucker. Reetgedeckte Häuser in heimeligen Dörfern. Und vor allem, das UNESCO-Weltnaturerbe Wattenmeer – Raum für wahre Überlebenskünstler, die sich an den ewigen Rhythmus von Ebbe und Flut angepasst haben.

Geografisch ist genau genommen zu unterscheiden: Ostfriesland meint das Gebiet der ehemaligen namensgebenden Grafschaft, zu dem heute die Landkreise Leer, Aurich und Wittmund sowie die Stadt Emden gehören, außerdem fast alle ostfriesischen Inseln. Ost-Friesland hingegen meint die komplette Küstenregion zwischen Dollart und Jadebusen, schließt also auch die westlichen Gebiete der großen Halbinsel mit ein: die Stadt Wilhelmshaven und den oldenburgischen Landkreis Friesland mit der Insel Wangerooge. Diese Schreibweise sieht man jedoch eher selten, gebräuchlicher ist der Begriff „Ostfriesische Halbinsel".

Große Teile der Wattenmeerküste sind ostfriesisch, und auch wenn es viele Gemeinsamkeiten gibt – das niedersächsische Ostfriesland ist anders als das zu Schleswig-Holstein gehörende Nordfriesland. Zwar sind die Ursprünge dieselben, doch es haben sich die friesischen Regionen unterschiedlich entwickelt, mit landschaftlichen Besonderheiten, eigenen Sitten und Gebräuchen. So sind in Ostfriesland besonders viele Sielorte mit schmucken Häfen zu finden, ein Humor, mit dem Otto Waalkes berühmt wurde, und eine eigene Teezeremonie – und noch ganz viele bekannte oder verborgene Besonderheiten, die in diesem Buch nun vorgestellt werden.

Ein rotweiß geringelter Klassiker: Der Kleine Leuchtturm auf Borkum

Vom Mond bewegtes Weltnaturerbe

1

Nationalpark-verwaltung Niedersächsisches Wattenmeer
Virchowstraße 1
26382 Wilhelms-haven
Tel.: 04421 9110
www.nationalpark-wattenmeer.de

Es ist ganz große Kunst: auf Luftaufnahmen, die das Geflecht der Wasserläufe, Schlick- und Sandflächen zeigen, mit den Prielen als Lebensadern, sich füllend und versiegend in einem ewig wiederkehrenden Rhythmus. Oder ganz aus der Nähe betrachtet, mit den wie fein gemeißelten Wellenlinien des Sandwatts, den von der Brandung arrangierten Mosaiken aus Muscheln, Schnecken und bunten Kalkteilchen. Nirgendwo sonst zeigt sich die Natur so wie vor den Nordseeküsten. Und wo sonst könnte man auch als Erwachsener heiter durch den Matsch stapfen, sich sogar darin suhlen, ohne befremdliche Blicke zu ernten? Das Wattenmeer macht auch Spaziergänge auf dem Meeresgrund möglich und beherbergt wahre Überlebenskünstler.
Die in der Gezeitenzone vorkommenden Tiere und Organismen müssen besonders anpassungsfähig sein, wird doch ihr Lebensraum regelmäßig von Wasser bedeckt und fällt dann wieder trocken. Zweimal täglich herrscht Flut, und zweimal täglich zieht sich das Meer bei Ebbe wieder zurück, angetrieben von der Kraft des Mondes. Der höchste und der niedrigste Wasserstand liegen jeweils rund sechs Stunden auseinander. Diese als „Tidenhub" bezeichnete Pegelschwankung beträgt an der deutschen Nordseeküste zwei bis drei Meter.

Das Wattenmeer macht Spaziergänge auf dem Meeresgrund möglich und beherbergt wahre Überlebenskünstler.

Die Gezeiten bestimmen den Lebensrhythmus im Watt. Küstenbereiche, die durch Sand- und Schlickböden geprägt sind, speichern während der Ebbe einen Teil des Meerwassers und sichern damit vielen Tieren das Überleben. Es tummeln sich

Welch eine Weite: Im Wattenmeer vor Spiekeroog

dort zahlreiche Würmer, Muscheln, Schnecken und Krebse; in den Wasserläufen der Priele leben kleine Fische. Besonders für gefiederte Gäste ist also der Tisch gut gedeckt. Neben vielen Brutvögeln nutzen rund zehn Millionen Zugvögel das Wattenmeer, insbesondere Watvögel, Gänse und Enten. Für aus der Arktis kommende Vögel wie Knutt und Ringelgans ist das Watt der wichtigste Landeplatz auf dem ostatlantischen Zugweg nach Südafrika.

Das Wattenmeer ist eines der weltweit größten gezeitenabhängigen Feuchtbiotope mit einer besonders großen Artenvielfalt. Neben der reinen Wattfläche umfasst es Lebensräume wie die Salzwiesen, Marschflächen, Dünen und Sandbänke. Allein in den Salzwiesen leben 250 Tierarten und Ökotypen, die in keinem anderen Gebiet der Erde vorkommen. Aufgrund seiner Einmaligkeit wurde das Wattenmeer im Juni 2009 von der

UNESCO zum Weltnaturerbe ernannt. So steht dieser Teil der Nordsee weltweit auf einer Stufe mit dem Grand Canyon, der Serengeti und den Galapagosinseln.
Als einer der drei Anrainerstaaten hat auch Deutschland – neben den Niederlanden und Dänemark – seinen Anteil am Wattenmeer unter Schutz gestellt. Die Bundesländer Schleswig-Holstein, Niedersachsen und Hamburg gründeten in den 1980er Jahren jeweils einen eigenen Nationalpark. Auch sind es jeweils eigenständige UNESCO-Biosphärenreservate – das Niedersächsische Wattenmeer seit 1993.
Große Teile des Wattenmeeres, insbesondere auch viele Inseln, gehören zu Ostfriesland. Das Niedersächsische Wattenmeer ist der zweitgrößte deutsche Nationalpark.

Vielerorts werden geführte Wattwanderungen angeboten

Neugierige Begrüßung: Schafe am alten Hafen in Weener

Melkhuske und Deichschweine

2

Die heimeligen Hütten mit Giebeldächern sind entlang der Fahrradrouten in Ostfriesland zu entdecken. Sie stehen meist auf Bauernhöfen und laden zur Einkehr ein. „Melkhuske" heißen sie in Ostfriesland; in einigen Regionen kennt man sie dialektbedingt auch unter anderen Bezeichnungen, in Ammerland als „Mölkhus" und in der Wesermarsch sowie im Landkreis Oldenburg als „Melkhus". Stets bedeutet es „Milchhäuschen", denn hier können sich Radler an frischen Milchprodukten stärken. Oft gibt es außer Erfrischungen wie Milchshakes, Buttermilch, Esi oder Joghurt auch noch andere regionale Köstlichkeiten.

Die Idee kam um die Jahrtausendwende im Rheiderland auf, einer Region im Landkreis Leer. Hier setzte die Landwirtin Friedel Schumacher, nachdem sie sich auf ihr Altenteil zurückgezogen hatte, wohl als erste den Plan um und eröffnete ein „Melkhuske" auf ihrem Hof. Der Gedanke dabei war, nicht nur durstigen oder erschöpften Radwanderern eine Anlaufstation zu bieten, sondern auch sich selbst durch ein Zubrot eine weitere Lebensgrundlage zu sichern. Die Bäuerin gilt heute als Pionierin, denn sie verhandelte erfolgreich mit den zuständigen Ordnungs- und Veterinärbehörden und ebnete damit den Weg auch für andere. Dennoch können mit der Eröffnung eines Melkhuske nach wie vor in einigen Landkreisen einige Hürden zu überwinden sein. So wenden sich heute Landfrauen im Weser-Ems-Gebiet, die es ihr gleichtun möchten, gern für einen guten Rat an Friedel Schumacher.

Heimelige Hütten mit Giebeldächern stehen auf ostfriesischen Bauernhöfen und laden zur Einkehr ein.

Adressen von Melkhuskes:

www.ostfriesland.de

Landes-Schafzuchtverband Weser-Ems e. V.

Mars-la-Tour-Straße 6
26121 Oldenburg
Tel.:0441 82123
oder 801618
www.schafzuchtverband-weser-ems.de

An der Dollard-Route weist ein Schild zum Melkhuske

Reichlich gute Milch kommt in Ostfriesland auch noch von einer anderen Spezies. Die grasenden Wollknäule prägen das Bild der niedersächsischen Nordseeküste. Hier wurde mit dem „Ostfriesischen Milchschaf" ein besonders anpassungsfähiger und widerstandsfähiger Vertreter dieser Spezies gezüchtet, der inzwischen auch in Schleswig-Holstein weit verbreitet ist. Das Deichschwein, wie man es auch gern und liebevoll mal nennt, ist unentbehrlich als Landschaftspfleger und Küstenschützer. Von Frühjahr bis Herbst „mäht" es unermüdlich kauend das Gras auf den Deichen und sorgt für eine natürliche Düngung. Es tritt den Marschboden fest, versiegelt dabei Löcher, die Maulwürfe oder Wühlmäuse verursachten. So trägt das Schaf zu Stabilität und Küstenschutz bei. Aus seiner wärmenden Wolle entstehen nachhaltige Produkte. Ausgefallen schöne und originelle Handarbeiten, sogar Maßgeschneidertes aus Schafswolle, werden mancherorts direkt oder auf friesischen Märkten verkauft. Genießer schwören auf die aus Schafsmilch und dem Fleisch der Tiere gewonnenen Spezialitäten. Auf Krekes Käsehof in Westerstede-Ocholt etwa stehen die Herstellung und der Verkauf von Schafskäse im Mittelpunkt. Auch Produkte wie Salami, Leberwurst, Schinken oder Pastete vom Lamm sind in Hofläden oder Landschlachtereien erhältlich und stehen auch auf den Karten einschlägiger Restaurants. Dies gilt genauso für das friesische Salzwiesenlamm, eine besondere regionale Delikatesse, die vor allem im Frühsommer auf den Tisch kommt. Auch die Deiche an sich verdienen Aufmerksamkeit. Oft führen schöne Spazierpfade über die Krone – die höchste Linie des Küstenkonstrukts. Sie bieten eine herrliche Sicht auf das Wattenmeer.

Radfahrer zwischen Schafherde am Deich in Campen

Ausstellungen informieren über die Geschichte des Heißgetränks

Mit Kluntje, bitte!

3

Teestadt Norden

Tourist-Information
in Norddeich
Dörper Weg 22
26506 Norden
Tel.: 04931 986200
www.norddeich.de

Bei Wind und Wetter einen dampfenden Tee genießen: Es liegt auf der Hand, warum das Heißgetränk an der Nordseeküste so beliebt ist. Doch warum setzt man in Ostfriesland noch einen drauf? Hier wird pro Kopf rund zehnmal mehr Tee getrunken als im übrigen Deutschland, und zwar bis zu sechsmal täglich. Bei der „Teetied" (Teezeit) pflegt man eine besondere Zeremonie, zu der auch gehört, jeweils drei Tassen zu trinken, was traditionell den Spruch „Drei sind Ostfriesenrecht" prägte. Und diese Zahl ist obligatorisch. Eher noch gießt sich ein Ostfriese weniger Tee in eine Tasse, als nur eine oder zwei zu trinken.

Es liegt wohl an der Nähe zu den Niederlanden, dass sich in Ostfriesland über die Jahrhunderte eine eigene Teekultur entwickelte. Im frühen 17. Jahrhundert brachten Schiffe der Niederländischen Ostindien-Kompanie erstmals Tee nach Europa. Wohl schon bald darauf gelangte das Produkt nach Ostfriesland, wo es zunächst nur als Medizin verabreicht wurde. Bereits um 1720 blühte der Teehandel in der Region. Als der Preußenkönig Friedrich der Große den Teekonsum im 18. Jahrhundert einschränken lassen wollte, ließen sich die Ostfriesen davon nicht beeindrucken. Während der von Napoleon veranlassten Kontinentalsperre im 19. Jahrhundert kam das geliebte Produkt als Schmuggelware ins Land. So sollen die Ostfriesen den Freiheitsbegriff der Französischen Revolution auf humorvolle Weise wörtlich genommen haben: Liberté – „Lieber Tee" – lautet ihre Parole noch heute. Zu Kriegszeiten wurden den Bewohnern Sonderrechte eingeräumt – um

Die „Teetied" wird in Ostfriesland auf besondere Weise zelebriert – auch, um Gäste willkommen zu heißen.

Bei der ostfriesischen „Teetied“ pflegt man eine besondere Zeremonie

die Bevölkerung nicht aufzubringen, wie es heißt: Als zu Beginn des Zweiten Weltkriegs der Tee, genauso wie Kaffee, als „entbehrliches Genussmittel“ eingestuft und nur als einmalige Sonderzuteilung ausgegeben wurde, gab es für sie einen behördlich festgelegten „Teetrinker-Bezirk Weser-Ems“. Es wurde eine eigene Teekarte für eine Extraration eingeführt, die der „Oldenburger Teeverteilungsschlüssel“ definierte. Doch auch diese Menge war dürftig, und so behalfen sich die Ostfriesen zusätzlich mit Teetabletten aus Aromastoffen und Zucker.

Selbstverständlich ist auch bei der Zubereitung und dem Genuss eines echten ostfriesischen Tees einiges zu beachten. Zunächst gibt man ein Stück „Kluntje“, großen Kandiszucker, in die Tasse. Wenn dann der Tee darüber gegossen wird, ist ein heimeliges Knistern zu hören, dem zu lauschen unbedingt dazugehört. Anschließend wird etwas Sahne in den Tee gegeben, die als Wölkchen wieder an die Oberfläche steigt. Die sich bildenden Geschmacksschichten von mild über herb bis süß genießt man in dieser Reihenfolge. Ein ostfriesischer Tee wird daher traditionell nicht umgerührt. Der Teelöffel dient nur einem Zweck: Man legt ihn in die Tasse, sobald man keinen weiteren Tee mehr wünscht.

Auch Sightseeing und Gastronomie sind in Ostfriesland von dieser Tradition geprägt. Besonders in der „Teestadt Norden", wo es gleich zwei Teemuseen gibt (siehe auch Nr. 11), kann man auch als „Außerfriesischer" der hiesigen Teekultur frönen.

In der „Teestadt Norden" gibt es gleich zwei Teemuseen

Ostfriesland ist durchzogen von malerischen Wasserwegen

Landschaft der Siele, Tiefs und Leiden

4

Wattenmeer, Deiche und Marschen prägen die gesamte Nordseeküste. Und doch ist etwas anders an den Küsten Ostfrieslands: Besonders oft sind hier Ortschaften mit der Endung „-siel" vertreten. Von Greetsiel bei Emden bis Hooksiel bei Wilhelmshaven reihen sie sich entlang der Nordsee, prägen eine Landschaft mit Häfen und Kanälen. Eines ist allen gemeinsam: Die Endung steht für ein Entwässerungssystem. Denn viele der Landflächen hinter den Deichen hat der Mensch über Jahrhunderte dem Wattenmeer abgerungen. Die Siele leiten das sich in Entwässerungsgräben ansammelnde Wasser durch die Deiche in die Nordsee und verhindern zugleich, dass Meerwasser ins Binnenland gelangt. Dieser Durchlass ist häufig mit einer Schleuse und einem Hafen verbunden. So entwickelten sich auch kleine, malerische Hafenorte, die heute mit zu den beliebtesten Ferienorten an der Nordseeküste zählen. Einer der wohl schönsten dieser Sielorte ist Greetsiel im Westen Ostfrieslands, mit Giebelhäusern auf dem Deich und einem schon seit 600 Jahren betriebenen Kutterhafen.

Ostfriesland Tourismus GmbH
Ledastraße 10
26789 Leer
Tel.: 0491 91969660
www.ostfriesland.de

Auch im ehemaligen Fischerdorf Neuharlingersiel scheint mancherorts die Zeit stehen geblieben zu sein.
Andere Sielorte dienen vor allem als Fährhafen zu den Ostfriesischen Inseln, teils sind sie auch als Badeziele beliebt. Dazu gehört das besonders von Familien frequentierte Bensersiel bei Esens, das Nordseeheilbad Horumersiel und das verträumtere Neßmersiel. Der Kurbadeort Dornumersiel lockt mit einem 65.000 Quadratmeter großen Sandstrand.

Die Worte „Tief" und „Leiden" stehen an der Nordsee keineswegs für Frust, sondern für malerische Wasserwanderwege.

Auch kleine Häfen und Museen sind an einigen Sielorten zu finden

In Carolinensiel zeigt sich, was sich mit Landgewinnung erreichen lässt. Der Ort lag einst direkt an der Küste, als zweitgrößter Handelshafen Ostfrieslands. Heute liegt er fast zwei Kilometer landeinwärts vom Ortsteil Harlesiel entfernt, dem heutigen Hafen mit Fähranleger zur Insel Wangerooge. Das Sielhafenmuseum in Carolinensiel erinnert an die Tradition des Fischer- und Seefahrerortes.

Die zu den Sielen führenden Kanäle heißen in Ostfriesland „Tief" bzw. – die kleineren – „Leide". So sind Wasserstraßen wie das Neuharlinger Sieltief, Stuhlleide, Falstertief, Rietleide und Meyenburger Tief entstanden, die heute auch beliebte Wasserwanderwege sind. Manche führen auch zu Meeren, ostfriesischen Binnenseen, wie etwa dem „Großen Meer" bei Emden. Ein Kajak oder anderes Boot können Anhänger dieses Sports sich vielerorts ausleihen.

Auch Polder und Groden sind charakteristisch für die ostfriesische Küstenlandschaft. So heißt hier das durch Deichbau und Entwässerung aus der See gewonnene flache Marschland, während man es an der schleswig-holsteinischen Nordseeküste als „Koog" bezeichnet. Im westlichen Ostfriesland wird das eingedeichte Neuland Polder genannt, im östlichen Ostfriesland Groden. Durch die Eindeichungen veränderte sich die Landschaft in den vergangenen Jahrhunderten deutlich: Es verschwanden die Harlebucht, die Bucht von Campen sowie die Bucht von Sielmönken komplett von der Landkarte. Die Leybucht und die Bucht am Dollart wurden verkleinert. Das Gebiet der Stadt Emden hat sich deutlich vergrößert.

Manch einer nutzt die Gelegenheit zum Paddeln

Friesische Freiheit: Kite-Surferin am Strand von Norddeich

„Eala Frya Fresena“

5

Es sind ungewöhnliche Schilder, die nach Ostfriesland Anreisende passieren: „Ostfriesland – Friesische Freiheit“, steht dort auf rotbraunen Tafeln an den Autobahnen, wie sie sonst etwa auf besondere Baudenkmale oder Landschaftstypen hinweisen. Sie wurden im Mai 2009 an der A28 bei Filsum und der A31 bei Neermoor aufgestellt. Dafür hatte sich eine gemeinschaftliche Initiative des Regionalverbandes Ostfriesische Landschaft und der Stadt Aurich eingesetzt, unterstützt durch eine begeisterte Bevölkerung. Passend zum Autobahnschild gibt es einen Aufkleber mit dem Motiv. Es steht für ein historisches Alleinstellungsmerkmal, das noch heute das hiesige Lebensgefühl prägt. Der Grußspruch dazu lautet: „Eala Frya Fresena – Seid gegrüßt, ihr freien Friesen!“

Ostfriesische Landschaft

Regionalverband für Kultur, Wissenschaft und Bildung
Georgswall 1-5
26603 Aurich
Tel.: 04941 17990
www.ostfriesischelandschaft.de

Die Friesische Freiheit bildete im Mittelalter ein gesellschaftliches Gegenmodell zu den in Europa etablierten feudalen Strukturen, also der Adelsherrschaft. Seit dem 9. Jahrhundert hatte Ost-Friesland einen Sonderstatus im Römischen Reich Deutscher Nation inne; ein Privileg, das sich noch heute in Land und Leuten widerspiegelt. Trotz aller Freiheitsideale etablierte sich dabei ein Herrschaftssystem mit klarer sozialer Rangfolge: das Häuptlingswesen. Die reichen Bauern („Häuptlinge“) regierten über die sogenannten Herrlichkeiten, die sich aus den Landgemeinden entwickelten, mit quasi autonomem Status und eigenem Rechtssystem. Davon kann sich heute jeder nahe der Stadt Aurich überzeugen: Im drei Kilometer entfernten Rahe

Autobahnschild und Aufkleber beschreiben ein historisches Alleinstellungsmerkmal, das noch heute das Lebensgefühl der Ostfriesen prägt.

Eala Frya Fresena: Wappen im Heimatmuseum in Leer

erinnert das Denkmal „Upstalsboom" an die ehemalige Versammlungsstätte. Hier trafen sich die frei gewählten Vertreter des Bundes selbstständiger Landesgemeinden – in der Regel am Dienstag nach Pfingsten, dem späteren Oll' Mai („Der alte Mai"). Ziel dieser Zusammenkünfte war, Recht und Freiheit für alle Friesen sicherzustellen. Dazu zählten vor allem der Verzicht auf Heerfolge, das Recht auf Eigentum, politische Mitbestimmung und persönliche Freiheit. Das Upstalsboom-Denkmal und ein Häuptling sind zusammen mit den Worten auf den Autobahnschildern zu sehen.

Noch im frühen 8. Jahrhundert, unter Friesenkönig Radbod, waren die Friesen überzeugte Heiden. Der Herrscher wird gemäß der Überlieferung als das friesische Pendant zu Karl dem Großen gedeutet. Sein Reich soll sich über ganz Friesland vom heutigen Belgien bis zur Weser erstreckt haben, wobei es an historischen Belegen mangelt. Bis weit ins Mittelalter hinein widersetzten sich die Friesen dem neuen christlichen Glauben. In den Bestrebungen nach Missionierung sahen sie vor allem eine Methode der Unterwerfung des sich ausdehnenden Fränkischen Reichs. Die Christianisierung setzte hier erst mit der Herrschaft der Karolinger ein. In dieser Zeit entstanden auch zahlreiche Kirchen und Klöster, die fortan eine zentrale Rolle bei der Entwicklung der Region und der bäuerlichen Gemeindestrukturen spielten. Und doch spürt man es noch heute, das Gefühl von Freiheit, das sich auch einstellt beim Blick über die weite Landschaft und das Wattenmeer ...

Zeuge des Häuptlingswesens: Die Norderburg in Dornum

Grandios ist der Blick vom Emdener Rathausturm auf den Delft

In der anderen Richtung zeigen sich die historischen Handelshäuser

Wo ein historischer Delft zu Füßen liegt

6

Ratsdelft

www.emden-touristik.de

Wer auf den Rathausturm steigt – über ganz Emden schweift der Blick von hier oben – kann es in seiner ganzen Pracht bewundern. Eingerahmt von moderner Hafenindustrie, dem Flugplatz und einer auf rund 50.000 Einwohner angewachsenen Urbanisation schlägt direkt unterhalb des Turmes noch immer das historische Herz Emdens: Der Ratsdelft kündet von der mittelalterlichen Blütezeit, als sich Emden zu einem bedeutenden Warenumschlagplatz der Nordseeküste entwickelt hatte. Das Wort leitet sich von „delven" ab, was so viel wie graben bedeutet. Bei einem Delft handelt es sich um ein von Menschen ausgebautes Gewässer natürlichen Ursprungs, in diesem Fall einen kleinen Ableger des Emder Hafens: Wo ein kleiner Fluss in die Ems mündete, entstand bereits ab 800 n. Chr. der Ratsdelft und wuchs zu einem Binnenhafen heran. Im späten 16. Jahrhundert legten hier mehr Schiffe an als im gesamten englischen Königreich, heißt es. Das Hafentor kam 1635 hinzu; der Stadtbaumeister Martin Faber hatte es entworfen. Verschiedene Handelshäuser siedelten sich am Ratsdelft an, der noch bis ins 20. Jahrhundert hinein eine Rolle für den Warenumschlag spielte. Heute ist der Ratsdelft vor allem von touristischer Bedeutung mit seinen liebevoll gepflegten Museumsschiffen, die das historische Flair des alten Stadtkerns untermalen – etwa das Museumsfeuerschiff „Deutsche Bucht", das in der Meyer-Werft in Papenburg gebaut wurde, oder der Seenotrettungskreuzer „Georg Breusing". Von der Heringsfischerei berichtet die „AE7 Stadt Emden" bei wechselnden Ausstellungen.

Der Zugang zum Rathausturm ist im Eintritt für das Ostfriesische Landesmuseum enthalten (siehe Nr. 7)

Hellebarden in der Rüstkammer des Ostfriesischen Landesmuseums

Auf Zeitreise in Emden

7

Es heißt, er habe die Rüstung mit einem Bauernkittel getauscht, um besser flüchten zu können: Ludwig von Nassau-Dillenburg (1538–1574) trug einen maßgeschneiderten Trabharnisch, Rüstzeug also, das nur bis zu den Knien reichte, und doch zu hinderlich war in diesem Falle. Álvarez de Toledo, der Herzog von Alba, hatte ihn bis nach Ostfriesland verfolgt und in der Schlacht bei Jemgum südlich von Emden besiegt. Es war einer der ersten Freiheitskämpfe im Achtzigjährigen Krieg (1568–1648). Ludwigs Harnisch wurde von den Emdern geborgen und gelangte in die Rüstkammer des Rathauses – so zumindest ist es überliefert. Dort befindet er sich noch heute, zusammen mit zahlreichen anderen Harnischen, Luntenschlossmusketen und Wallbüchsen, Piken, Schwertern und verzierten Hellebarden, die vor allem aus dem 16. und 17. Jahrhundert stammen. Anders als in anderen Städten blieben die Bestände in diesem seit 1582 belegten Zeughaus der Emder Bürgerschaft erhalten.

Ostfriesisches Landesmuseum Emden
Rathaus am Delft
Brückstraße 1
26725 Emden
Tel.: 04921 872058
www.landesmuseum-emden.de

Als größte Stadt Ostfrieslands hat Emden viel zu bieten, etwa auch die von Henri und Eske Nannen gestiftete Kunsthalle.

Die Rüstkammer gehört heute zum Ostfriesischen Landesmuseum Emden im Rathaus am Delft. Hier gewinnen Besucher Einblicke in die geografische und kulturelle Geschichte Frieslands und der traditionsreichen Seehafenstadt. Es beherbergt unter anderem eine Sammlung niederländischer Meisterwerke in der Gemäldegalerie, die Moorleiche von Bernuthsfeld und den Silberschatz der Stadt Emden. Die Pelzerhäuser 11 und 12 erinnern als Außenstelle in der Altstadtwarft eindrucksvoll an das einstige Stadtbild, das im Zweiten Weltkrieg zerstört wurde.

Geballter Humor: Dat Otto Huus ist für manch einen Lacher gut

Der Gipfel des friesischen Humors

8

Dat Otto Huus
Große Straße 1
26721 Emden
Tel.: 04921 22121
www.ottifant.de

„Wie versenkt man ein ostfriesisches U-Boot? – Einfach anklopfen. Irgendeiner wird schon aufmachen!" – In Witzen kommen die Ostfriesen nicht gerade als Schlauköpfe davon. Doch wer glaubt, dies sei wirklich ein doofes Völkchen, ist selbst reingefallen. Denn der Ostfriesenwitz entstand durch Wortspielereien, trockene Sprüche, die man hier gern einmal klopft und die Auswärtige oft viel zu ernst nehmen. Wohl keiner sonst trieb es damit so auf die Spitze wie Otto Waalkes. Klar, dass auch das Museum, das man dem berühmten Komiker in seiner Heimatstadt Emden widmete, alles andere als ernsthaft ist. In dem Haus, aus dessen Fassade ein Ottifant herausbricht, offenbaren sich sein Leben und Werk auf zwei Stockwerken. Zu den Exponaten gehören etwa „Mein erstes Kaugummi (2. Februar bis 6. April 1952)", und man darf darüber grübeln, ob das schrumpelige Knäul tatsächlich mehr als zwei Monate lang im Mund des vierjährigen Friesenjung' verbracht hat. Auch „der kleinste Ottifant der Welt" ist anzutreffen, und ein kotzender Ottifant erwacht auf Knopfdruck zum Leben (zum Glück ist es nur ein Wasserstrahl). Im Obergeschoss befindet sich ein kleines Kino, in dem Sketche aus den Bühnen-Shows des Komikers, Ausschnitte aus Fernsehsendungen und Ottos Filme gezeigt werden – vom ersten Kassenschlager („Otto der Film") bis zum Kino-Hit „7 Zwerge – Männer allein im Wald" aus dem Jahr 2004. Ein Großteil der Museumsfläche indes verschweigt nicht: Nun gut – hier geht es auch um Merchandising.

Der Ostfriesenwitz entstand durch Wortspielereien, trockene Sprüche, die man hier gern einmal klopft.

Das Ostfriesische Landesmuseum hütet viele historische Schätze

Die Johannes a Lasco Bibliothek verbirgt sich in der Kirchenruine

Bücherschatz in der Moederkerk

9

Johannes a Lasco Bibliothek
Kirchstraße 22
26721 Emden
www.jalb.de

In der Emdener Kirchstraße befindet sich die älteste Bibliothek Ostfrieslands, gegründet bereits im Jahre 1559. Ihr Namensgeber Johannes a Lasco (1499–1560) war ein bedeutender Theologe und Reformator. Die Bibliothek ist in der Ruine der „Moederkerk" untergebracht, der ehemaligen Großen Kirche Emdens. Sie beherbergt einen wertvollen Bestand historischer Bücher, darunter die Emder Bibel und eine enzyklopädische Sammlung durch alle Wissenschaftsgebiete. Einige herausragende Schätze wurden im zugehörigen Museum der Öffentlichkeit zugänglich gemacht. Ausgestellt sind dort außerdem Exponate aus der Geschichte des reformierten Protestantismus. In kleinen Kabinetten sind Sonderausstellungen zu christlich-regionalen Themen zu erleben, etwa mit Abendmahlgeräten ostfriesischer Gemeinden unterschiedlicher Konfessionen und Druckgrafiken von Otto Rohse (1925–2016). Dieser wiederum, ein Schüler des großen Buchgestalters Richard von Sichowsky, prägte die deutsche Buchkunst in der zweiten Hälfte des 20. Jahrhunderts nachhaltig. Er gilt als einer der profiliertesten Vertreter der klassischen Typographie und Buchillustration. Die Johannes a Lasco Bibliothek ist außerdem Schauplatz von Konzerten und anderen Kulturveranstaltungen. Auch das Gotteshaus verdient Beachtung. Es wurde 1949 zerstört und teilweise wiederaufgebaut. Schon die Kirchenruine an sich ist sehenswert als historisch gewichtiger Ort der Stadt- und Landesgeschichte. Im Südschiff ist das Grabmal der ostfriesischen Grafen aus dem 16. Jahrhundert zu entdecken.

Die Bibliothek beherbergt einen wertvollen Bestand historischer Bücher, darunter die Emder Bibel.

Skulpturen zieren den Stadtgraben vor der Kunsthalle in Emden

Erbe eines großen Journalisten

10

Viele kennen ihn als Verleger, der in die Zeitgeschichte einging und die wohl renommierteste Schule für Nachwuchs der schreibenden Zunft ins Leben rief. Nicht jeder weiß, dass Henri Nannen (1913–1996), Gründer des Magazins „Stern", als Mäzen auch einen Meilenstein der bildenden Kunst setzte. Er tat dies in seiner Geburtsstadt Emden, indem er dort die Kunsthalle ins Leben rief, zusammen mit seiner Frau Eske (*1942), heute immer noch Geschäftsführerin derselben. Nannen brachte seine Sammlung, ihr Schwerpunkt liegt in der Klassischen Moderne, in die zugehörige Stiftung ein. Damit die Kunsthalle gebaut werden konnte, wendete er sein gesamtes persönliches Vermögen auf. Rund zehn Jahre später konnte sie erweitert werden, dank einer Schenkung hochkarätiger Kunst des Münchner Galeristen Otto van de Loo (1924–2015). Sie erweiterte kongenial die Sammlung des Hauses mit Werken aus der Zeit nach 1945. Im Programm der vier bis fünf Ausstellungen pro Jahr leben die Charakteristika dieses hauseigenen Kunstbestandes auf. Außerdem präsentiert die Kunsthalle regelmäßig Sonderausstellungen bekannter Künstler. Besonders bekannt ist sie außerdem für ihr umfangreiches Angebot im Bereich der Kunstvermittlung. Die Reihe „Kunst Aktiv" lädt Kinder und Erwachsene mit vielen verschiedenen theoretischen oder künstlerisch-praktischen Programmen zum Mitmachen ein. Wörtlich malerisch ist auch die Lage der Kunsthalle Emden, am Stadtgraben mit der als Skulpturenpark angelegten Hahnschen Insel.

In seiner Geburtsstadt Emden setzte Henri Nannen einen Meilenstein der bildenden Kunst.

Kunsthalle Emden
Stiftung Henri und Eske Nannen und Schenkung Otto van de Loo

Hinter dem Rahmen 13
26721 Emden
Tel. 04921 975050
www.kunsthalle-emden.de

Bei den Emdener Matjestagen feiert man den berühmten Hering

Die Fischspezialität gibt es auch vielerorts auf Brötchen

11

Eine Ode an den Mädchenhering

Matjestage Emden
www.emden-touristik.de

Jan Pieter Beukelzoon ahnte wohl nicht, dass er eine Spezialität erfunden hatte, die 600 Jahre später auf zahlreichen Fischbrötchen zu finden sein sollte. Man schrieb das Jahr 1395, und der holländische Fischer legte seine gekehlten Heringe in Fässer mit Salzlake. So ließen sie sich auch über lange Strecken transportieren. Der zarte Schmelz, den die Fische dabei durch den enzymatischen Reifeprozess entwickelten, machte sie zur Gaumenfreude. So also kam der Norden zu seinem Matjes. Der Name leitete sich vom holländischen Begriff „Maagdenharing" ab, was so viel wie „Mädchenhering" bedeutet, bzw. vom Wort „Meisjes" für Mädchen. Denn die Fische müssen noch jungfräulich sein, um ein Matjes werden zu können. Nur dann besitzen sie den hohen Fettgehalt, der sie so besonders macht. Jedoch handelt es sich nicht um Jungtiere, denn die dürfen wegen des Bestandschutzes noch gar nicht gefangen werden. Vielmehr haben Matjes in der jeweiligen Saison noch keine Milch und keinen Rogen gebildet, können aber schon einige Jahre alt sein.

Auch wenn man die Spezialität heute ganzjährig bekommt: Die Saison für Matjes beginnt im Juni.

Besonders gefeiert wird die mild-salzige Spezialität in der Seehafenstadt Emden. Hier blickt die ostfriesische Heringsfischerei auf mehr als 450 Jahre Tradition zurück. Zwar wurde sie 1969 nach Bremerhaven verlagert, doch mit dem „Emder Matjestagen" erinnert man jährlich an das Handwerk, das über Jahrhunderte vielen Familien Lohn und Brot sicherte.

Auf der Dollard Route geht es durch historische Hafenstädte …

… und genauso durch herrliche Polderlandschaften

Radeln im Grenzbereich von „t" und „d"

12

Dollard Route
www.dollard-route.de

Südlich von Emden weitet sich die Flussmündung der Ems zu einer riesigen Meeresbucht. Ihre gegenüberliegende Seite gehört zu den Niederlanden. Ursprünglich war der Dollart (niederländisch: Dollard) sogar drei Mal so groß; er schrumpfte nach etlichen Einpolderungen im 17. bis 20. Jahrhundert auf seine heutige Fläche von 90 Quadratkilometern. Dafür entstand neues Land, das in mühevoller Arbeit der See abgerungen wurde. Bleibt an den Ufern also reichlich Raum für ausgedehnte Radtouren in der frischen Meeresbrise, begleitet von Windmühlen und den Rufen der Möwen. Auf der insgesamt mehr als 300 Kilometer langen Internationalen Dollard Route geht es direkt am UNESCO Weltnaturerbe Wattenmeer entlang, durch die Weiten der von Sielen durchzogenen Polderlandschaft – Lebensraum für eine spezielle Flora und Fauna.

Auf der insgesamt mehr als 300 Kilometer langen Dollard Route geht es direkt am UNESCO Weltnaturerbe Wattenmeer entlang.

Man passiert Hafenstädte und verträumte Dörfer, darunter auch Ditzum, das einzige Fischerdorf an der Ems. Zu entdecken sind auch historische Stätten wie das Steinhaus in Bunderhee, einst Sitz eines Häuptlings – so nannte man die adeligen Herrscher in Ostfriesland seinerzeit. Oder die Menkemaborg in Eemsmond, eine Wasserburg aus dem 14. Jahrhundert. Auch die Nordseeinsel Borkum ist ein Etappenziel der Rundtour. Dazu gehört als Highlight auch eine Fahrt mit der Fähre über den Dollart. Ein Fahrgastschiff verkehrt von Mai bis September zwischen den Häfen von Ditzum, Emden und Delfzijl.

Die barocke Evenburg in Leer lohnt sich schon wegen des Anblicks

Eine von vieren, zur Besichtigung frei

13

Schloss Evenburg
Am Schlosspark 25
26789 Leer (Ostfriesland)
Tel. 0491 99756000
Evenburg.landkreis-leer.de

Burgen hat Ostfriesland so einige vorzuweisen, viele berichten von den Zeiten des Häuptlingswesens. Allein in der Stadt Leer gibt es vier der einstigen Adelshäuser, wovon sich drei heute in Privatbesitz befinden: die Haneburg, die Philippsburg und die Harderwykenburg. Zwar sind sie nicht für die Öffentlichkeit zugänglich, aber auch schon von außen sehenswert. Die Evenburg hingegen, Leers vierte Burg, ist auch von innen zu besichtigen. Das aus dem Barock stammende Wasserschloss wurde durch den niederländischen Oberst Ehrentreuter ab 1642 errichtet. Sein späterer Besitzer, der Graf von Wedel, ließ es 1850 im neugotischen Stil umgestalten. Die im Krieg stark beschädigte Fassade wurde in den Jahren des Wiederaufbaus zunächst schlichter neugestaltet. Eine aufwendige Sanierung erfuhr die Evenburg ab 1975, nachdem der Landkreis Leer das Schloss erworben hatte. Nun bekam die Fassade historisch getreu Giebel, Türme und Gesimse zurück. Auch die Räume des Schlosses ließen sich bis ins Detail wiederherstellen. Bei der Restaurierung des Foyers folgte man der zweiten Fassung aus dem späten 19. Jahrhundert. Zur Evenburg gehören auch eine Vorburg von 1703, die ehemaligen Wirtschaftsgebäude Meierhof und Elfriedenhof sowie ein ansehnliches Gelände. Nachdem es lange brach gelegen hatte, lebt es nun als englischer Landschaftspark wieder auf. Wer möchte, kann hier auch eine Patenschaft für zum Beispiel eine Holländische Linde übernehmen.

Inzwischen bekam die Fassade der Evenburg historisch getreu Giebel, Türme und Gesimse zurück.

Bei einer Wanderung sind Spuren der „Feste Leerort" zu erkunden

Die Festung befand sich auf dem grünen Landzipfel vor Leer

Flurnamenwanderung zur Feste Leerort

14

Im südwestlichsten Winkel der Kreisstadt Leer liegt ihre mittelalterliche Keimzelle verborgen. Auf dem grünen Landzipfel, vor dem die Leda in die Ems mündet, befand sich die Festung Leerort. Sie war vom 15. bis zum 18. Jahrhundert eine bedeutende Residenz. Die Spuren der „Feste Leerort" lassen sich auf einer Flurnamenwanderung erkunden. Flurnamen sind geografische Begriffe, die einst der Orientierung dienten. So spiegeln sie auch ein Stück Siedlungsgeschichte wider. Hier sind es Namen wie „Das Castel" und „Totenzwinger", die das mittelalterliche Bauwerk vor dem geistigen Auge wiederauferstehen lassen. Noch tiefer in die Geschichte entführen Stationen wie „Horenwerk ‚in den Fuhlenbraß'". Dieser Flurname stammt wahrscheinlich von in der Nähe gelagerten Fässern, in denen Fleisch oder Fisch mit Salz eingelegt wurde. Die „Neue Contrescarpe" wiederum bezeichnet den Deckungswall, der während der Regierungszeit Edzards II. (1561–1599) entstand. Ähnlich verhält es sich bei den anderen Flurnamen.

Die rund anderthalbstündige Tour, zu der man sich beim Heimatmuseum anmelden kann, beginnt bei der Station „Der äußere Wall" (Parkplatz am Deichgatt, Noortmer Chaussee). Von dort geht es auf den Deich, einmal um die Landzunge, bis eine Treppe in den Ort führt. Die letzte der insgesamt 24 Stationen ist der Johann-von-Soest-Weg, benannt nach dem Befehlshaber der Festung Leerort. Hier entschied sich einst die Sächsische Fehde (1514–1517) und damit auch das Schicksal Ostfrieslands.

Die Route für die Feste Leerort steht auf der Homepage von Leer Touristik zum Download bereit.

Feste Leerort
etwa 3 km südwestlich von Leer

Koousweg/Burgweg
26789 Leer
Tel.: 0491 91969670
www.touristik-leer.de

Rauderfehn ist geprägt von Fehnbrücken an den Kanälen

An der Lehmhütte mit Moormuseum in Moordorf

Auf Wiekentour in Rhauderfehn

15

Fehnkanäle, über denen Brücken aufklappen, mit parallel angelegten Straßen und Moorlandschaften: Der Landstrich bei Leer und Papenburg ist ein besonderer. Er wurde von der Fehnkultur geprägt, einer Methode, nach der die Moore ab dem 17. Jahrhundert urbar gemacht wurden. Dabei legte man zunächst schiffbare Kanäle an und häufig auch Seitenkanäle, die sogenannten Wieken. So konnten die angrenzenden Moorflächen zum Teil entwässert werden. Die Siedler stachen den Schwarztorf aus, der tief in der Erde liegt, und trockneten ihn. Über die Wasserwege konnte dieser nun mit Muttschiffen, Tjalken oder Poggen abtransportiert und schließlich als Brennmaterial verkauft werden. Schlick, den die Segelboote auf dem Rückweg mitbrachten, konnte mit dem mineralischen Boden unter dem Torf und dem höher gelegenen Weißtorf vermischt werden, was die landwirtschaftliche Nutzung förderte. So florierte das Geschäft, und zu beiden Seiten der Kanäle und Wieken entstanden mit der Zeit ganze Fehnkolonien. Noch heute wird in der verbliebenen Moorlandschaft Torf abgebaut und weltweit vermarktet. Die Endung „-fehn" (Moor) in einigen Ortsnamen deutet auf die traditionelle Nutzung hin, etwa bei der Gemeinde Rhauderfehn. Geblieben sind auch viele Zeugnisse wie die Fehnkanäle mit Schleusen und historisch nachkonstruierten Brücken, Backsteinkirchen aus Romanik oder Gotik und Windmühlen – zu erleben auf Radwegen wie der Wiekentour. Das Fehn- und Schiffahrtsmuseum im Ort widmet sich der Geschichte der Moorkultivierung.

Geblieben sind auch viele Zeugnisse wie die Fehnkanäle mit Schleusen und historisch nachkonstruierten Brücken.

Rhauderfehn-Information

1. Südwieke 2 a
26817 Rhauderfehn
Tel.: 04952 903230
www.overledingerland.de

Fehn- und Schiffahrtsmuseum Westrhauderfehn

Rajen 5
26817 Rhauderfehn
Tel.: 04952 903280
www.fehn-schiffahrtsmuseum.de

Äußerst fotogen geben sich viele Orte an der Deutschen Fehnroute

Immer wieder auch begegnet man den charakteristischen Brücken

Süßwasserwatt und Saterfriesen

16

Weitere Einblicke in die Fehnlandschaft Ostfrieslands bekommt man auf der „Deutschen Fehnroute", einem der bekanntesten Radwanderwege in Norddeutschland. Auf einer Strecke von 173 Kilometern führt sie durch Gebiete, in denen die Hochmoore seit dem 17. Jahrhundert zur Gewinnung von Brenntorf erschlossen und urbar gemacht wurden. Dabei kommt man unter anderem durch Apen mit dem einzigen Süßwasserwatt im Nordwesten oder durch die Gemeinde Saterland, wo die Ortsschilder zweisprachig sind – auch in Saterfriesisch –, denn hier lebt die kleinste anerkannte Sprachminderheit Deutschlands. Es geht entlang der von grünen Deichen gesäumten Leda und durch die eindrucksvolle Wallheckenlandschaft von Rhauderfehn, nach Großefehn mit der ältesten Fehnanlage Ostfrieslands und nach Papenburg mit der Meyer-Werft (siehe Nr. 17). Die Rundtour ist in beiden Richtungen beschildert: Ein rechteckiges Schild mit braunem Hintergrund und einem weißen Fahrradsymbol samt Pfeil markiert die Wegführung. Wer die Route gegen den Uhrzeigersinn fährt, erkennt dies an einem kleinen weißen Punkt am unteren linken Rand des Schildes. Für alle Nichtradler gibt es eine adäquate Alternative: Die entsprechende Ferienstraße „Deutsche Fehnroute" ist mit einem rechteckigen Schild für den KfZ-Verkehr ausgewiesen. Wer lieber eine kürzere Route radeln möchte, nimmt die Alternativstrecke von Amdorf nach Augustfehn. Sie ist mit dem besagten Radsymbol und einem „A" gekennzeichnet und ist, wahlweise den Nord- oder Südteil der Hauptroute zu radeln.

Es geht unter anderem durch eine Region, in der die Ortsschilder auch in Saterfriesisch gehalten sind.

Deutsche Fehnroute e. V.
Ledastraße 10
26789 Leer
0491 91969640
www.deutsche-fehnroute.de

Emsüberführung eines Kreuzfahrtschiffes aus der Meyer Werft

Die Überführungen lassen sich vom Ufer aus wunderbar beobachten

Schwimmende Superlative aus Papenburg

17

Ahnungslose Sportbootfahrer können auf der Unterems schon einiges erleben, denn sie gehört quasi zum Hoheitsgebiet der Meyer-Werft im nahen Papenburg. Wenn dort neue Ozeanriesen ausdocken und nach Emden überführt werden oder etwa Schubverbände riesige Bauteile liefern, ist die Unterems bis Leer für die sonstige Schifffahrt schlichtweg gesperrt. Auch das Ems-Sperrwerk kann dann unvermutet seine Tore schließen. Während solche Küstenschutzbauwerke für gewöhnlich dem Hochwasserschutz dienen, nutzt man dieses auch, um das Oberwasser für die Überführung von Schiffen der Meyer-Werft anzustauen und damit flussaufwärts die Wassertiefe zu vergrößern. Schließlich hat das, was da so aus Papenburg angeschwommen kommt, meist enorme Ausmaße. Hier werden Kreuzfahrtschiffe gefertigt, die dann über Emden die Ems verlassen. Im zugehörigen Besucherzentrum sind Einblicke in die Welt des Schiffbaus möglich. Neben der Ausstellung gibt es zwei große Besuchergalerien, von denen aus sich der Bau der Ozeanriesen live verfolgen lässt. Die Meyer-Werft gibt es schon seit 1795. Im Jahr 1975 zog sie an den Stadtrand von Papenburg – erstmals sollten hier nun Kreuzfahrtschiffe entstehen. Die Produktionstechnik wurde laufend erweitert. So entstand bis 1987 in Papenburg eines der größten überdachten Baudocks der Welt. Es verlängerte die Meyer-Werft um weitere 100 Meter. Im Jahr 2001 beschloss man, ein zweites überdachtes Baudock zu errichten. Dieses wurde inzwischen auf eine Gesamtlänge von 504 Metern verlängert.

Das zweite Baudock der Meyer Werft hat eine Gesamtlänge von gut einem halben Kilometer.

Meyer Werft

Industriegebiet Süd
26871 Papenburg
Tel 04961 810
(Besichtigungen buchbar über Papenburg Marketing)
www.meyerwerft.de
www.papenburg-tourismus.de

Ungewöhnlich ist der Campener Leuchtturm mit seinem Stahlfachwerk

Maritimer Rekordhalter ohne Ringel

18

De· Campener Leuchtturm

Leuchtturmstraße
26736 Campen
www.greetsiel.de

Ob rot-weiß oder schwarz-weiß, irgendwie geringelt sind viele von ihnen, zumindest sind sie in der Regel massiv und kegelförmig. Ganz anders der Leuchtturm von Campen an der Mündung der Ems in die Nordsee. Seine schlanke, 65,3 Meter hohe Stahlbeinkonstruktion erinnert eher an die Bauweise des Eiffelturms. Konkret handelt es sich um einen freistehenden roten Stahlfachwerkturm mit dreieckigem Querschnitt und einem weißen Treppenrohr in der Mitte. Obendrauf befindet sich eine rote Laternenkammer mit zwei Galerien und grünem Dach. Der Turm dient noch immer als Landmarke und Leitfeuer für die Schifffahrt auf der Ems. Es ist der höchste Leuchtturm Deutschlands, auf der Weltrangliste belegt er Platz 14. Seine 308 Stufen führen auf eine Aussichtsplattform. Sie eröffnet bei guter Fernsicht ein Panorama, das über die Krummhörn bis zu den Niederlanden reicht. Imposant ist auch das Leuchtfeuer, es gehört mit einer Lichtstärke von 4,5 Millionen Candela zu den stärksten in Deutschland. Noch in rund 55 Kilometern Entfernung ist es nachts zu erkennen. Nahezu ehrfürchtig stimmt einen, dass es sich um ein Präzisionssektorenfeuer mit einem Öffnungswinkel von gerade einmal 0,3 Grad handelt. Und damit nicht genug: Das Maschinenhaus beherbergt den ältesten noch funktionsfähigen Dieselmotor in Deutschland, gebaut anno 1906 von der Firma MAN. Der Leuchtturm wurde 1889 errichtet und 1890 fertiggestellt, nahezu zeitgleich mit dem großen Bruder in Paris. Daher nennt man ihn auch den „Eiffelturm der Krummhörn".

Ein Ehrfurcht gebietendes Präzisionssektorenfeuer mit einem Öffnungswinkel von gerade einmal 0,3 Grad

Eindrucksvolle Perspektive: Die Greetsieler Zwillingsmühlen

Zwillingspaar mit Flügeln

19

In Greetsiel findet sich eines der wohl schönsten Fotomotive Ostfrieslands. Am Ortseingang stehen gleich zwei Holländerwindmühlen – so nahe beieinander, dass man sie zusammen auf ein Bild bekommt. Ihr Abstand beträgt rund 130 Meter. So zierten die „Zwillingsmühlen" auch schon manche Postkarte. Es sind sozusagen zweieiige Zwillinge, denn etwas unterschiedlich sehen sie schon aus. Die östliche Mühle ist rot. Sie wurde 1706 errichtet, ist zu besichtigen und beherbergt ein Mühlencafé. Die westliche Mühle ist grün und genau 150 Jahre älter. Mühlenzwillinge können schließlich durchaus zu unterschiedlichsten Zeiten auf die Welt kommen.

Zwillingsmühlen
Mühlenstraße
26736 Greetsiel
www.greetsiel.de
www.krummhoern.de
www.pilsumer-leuchtturm.de

Auch ansonsten ist das 1.500-Seelen-Städtchen ein Schmuckstück mit seinen ehrwürdigen Giebelhäusern aus dem 17. Jahrhundert und dem mehr als 600 Jahre alten Fischerhafen. Er gehört zur Gemeinde Krummhörn, die obendrein mit 18 schmucken Warfendörfern verzaubert. Diese oft winzigen Dörfer wurden zum Schutz vor Überflutung auf Hügeln, den „Warf(t)en", errichtet – ähnlich also wie bei den Halligen im nordfriesischen Wattenmeer. Jedes der Warfendörfer ist einmalig, etwa Campen mit dem höchsten Leuchtturm Deutschlands (65 m) aus Stahlbein, errichtet 1890. Oder Pewsum mit einer Wasserburg, die 1458 durch die Häuptlingsfamilie Manninga (siehe Nr. 49) erbaut wurde. Oder Eilsum mit der einzigen Chorturmkirche Ostfrieslands. Das Gotteshaus von Grimersum wiederum ist durch einen Grabstein bekannt: Hier ruht Eggerik Beninga, der Verfasser der Friesenchronik (Cronica der Fresen).

Die oft winzigen Warfendörfer der Krummhörn wurden zum Schutz vor Überflutung auf Hügeln errichtet.

Das Organeum in Weener birgt eine beachtliche Sammlung

Besonders wertvoll ist die Orgel der Westerhuser Kirche

Eine historische Orgellandschaft

20

Organeum Weener
Norderstraße 18
26826 Weener
Tel.: 04951 912203
www.nomine.net

Die ostfriesischen Dorfkirchen hüten wahre Schätze. Hier verbirgt sich eine der reichsten Orgellandschaften der Welt mit mehr als 100 historischen Instrumenten aus sechs Jahrhunderten. Zwei Drittel der Instrumente stammen aus der Zeit vor 1850. Die älteste Orgel befindet sich in der evangelisch-reformierten Kirche des Warfendorfs Rysum. Sie wurde 1457 vom Orgelbaumeister Harmannus aus Groningen gebaut. Mit ihren sieben Registern und gotischem Pfeifenwerk ist sie noch immer voll bespielbar.
Auch einige Stadtkirchen prägen die ostfriesische Orgellandschaft. So steht in der Ludgerikirche von Norden das zweitgrößte (nach der Hamburger Jacobikirche) erhaltene Werk von Arp Schnitger (1648–1719), berühmtester Orgelbauer seiner Zeit. Mit 46 Registern und fünf Werken auf drei Manualklaviaturen und Pedal ist es das größte Orgelwerk Ostfrieslands. Arp Schnitger baute diese Orgel ab 1686. Im 19. und 20. Jahrhundert wurde sie umgebaut und restauriert. Mit der Erschließung, Erforschung und Förderung der nordwestdeutschen Orgellandschaft beschäftigt sich das Organeum in Weener. In der kleinen Stadt an der holländischen Grenze fand eine beachtliche Instrumentensammlung ihren Platz in einer Stadtvilla aus der Gründerzeit. Das Organeum ist ein Kultur- und Bildungszentrum mit angeschlossenem Museum. Außer Hausorgeln, seltenen Harmonium-Bauarten und Cembali sind Tafelklaviere, ein Pedalklavier und weitere historische Tasteninstrumente zu finden.

In der reformierten St.-Georgs-Kirche in Weener ist ein Spätwerk (1710) Arp Schnitgers zu finden, an dem bereits seine Söhne mitwirkten.

Ausstellung im Ostfriesischen Teemuseum in der Stadt Norden

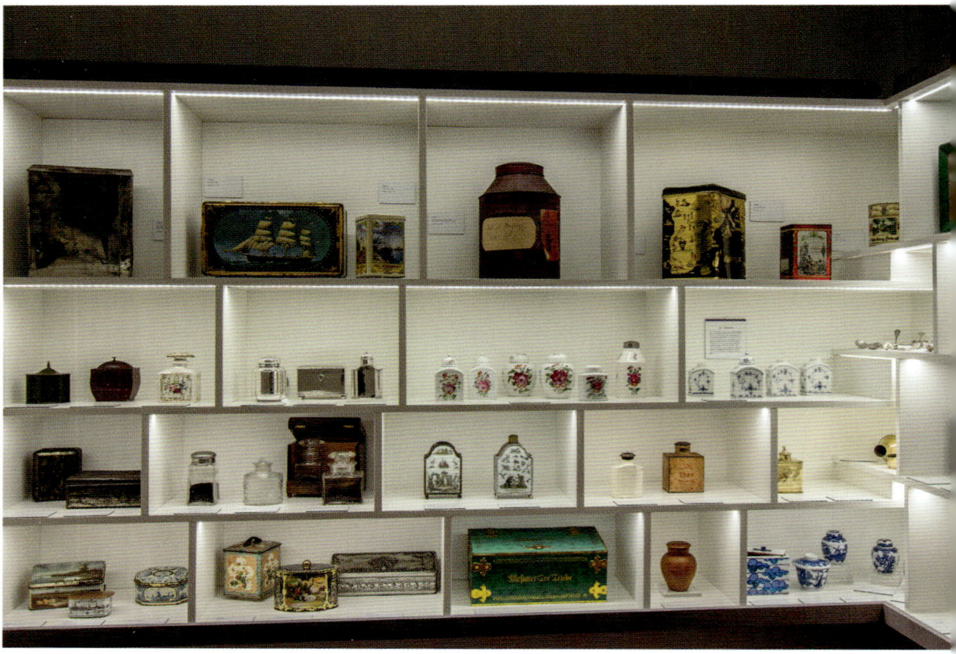

Auch den Kleinsten bringt man hier die Teezeremonie näher

Teezeremonie in Norden

21

Ostfriesisches Teemuseum Norden
Am Markt 36
26506 Norden
Tel.: 04931 12100
www.teemuseum.de

Sammlung Oswald von Diepholz
Am Markt 33
26506 Norden
Tel.: 04931 13800
www.teemuseum-norden.de

Das Knistern, wenn der heiße Tee auf den Kandis trifft. Die Sahnewolke. Das Geschmackserlebnis, ein mild-herb-süßer Dreiklang. Und dazu am besten ein Stück Rosinenbrot. All das gehört zu einer echten ostfriesischen „Teetied". Der Teelöffel hingegen wird niemals zum Umrühren verwendet, sondern allein zum Zwecke der Kommunikation. Wer es genau wissen möchte, besucht am besten das Ostfriesische Teemuseum in der „Teestadt" Norden. Hier nämlich können Besucher gegen eine kleine Gebühr (derzeit 2 Euro) jeweils mittwochs oder samstags um 14 Uhr an einer ostfriesischen Teezeremonie teilnehmen. Untergebracht ist das Museum im historischen Alten Rathaus und entführt in die Geschichte des Heißgetränks. Beginnend mit der ostfriesischen Teekultur geht die Reise zu den Anbaugebieten, zur Verarbeitung und Herstellung der ostfriesischen Mischung und führt schließlich zu den Dekoren des ostfriesischen Teegeschirrs. Weitere Bereiche der Ausstellung widmen sich dem historischen Fernhandel und den heutigen Teegebräuchen in aller Welt. In der stadtgeschichtlichen Abteilung geht es durch rund 5.000 Jahre Stadtgeschichte – vom ersten Zeugnis menschlichen Lebens im Norderland bis zum heutigen Nordseetourismus. Im Festsaal des Alten Rathauses werden die gehobene Wohnkultur des 17. bis 19. Jahrhunderts und historisches Norder Silber präsentiert. Traditionelles Handwerk rund um den Tee zeigen die Werkstätten eines Zinngießers, eines Gold- und Silberschmieds, eines Stövchenmachers und eines Porzellanmalers.

Im Nachbarhaus befindet sich die Sammlung „Oswald von Diepholz" zur internationalen Kulturgeschichte des Tees.

Die Krimis von Klaus-Peter Wolf prägen Ostfriesland …

… und viele hiesige Schauplätze kommen in den Geschichten vor

Tatort Norddeich: Totenstille im Watt

22

Bücher von Klaus-Peter Wolf

www.ostfrieslandkrimis.de

„Ja, ich habe Heimweh nach Ostfriesland ... Am liebsten würde ich meine Praxis wiedereröffnen. Menschen behandeln. Den neuen Lover von Beate entsorgen. Am Meer spazieren gehen, der Nordsee lauschen und mich dem Wind aussetzen. Aber dort, wo ich mich am wohlsten fühle, dort, wo ich jetzt am liebsten wäre, ist auch die Gefahr am größten, verhaftet und von Ann Kathrin Klaasen einkassiert zu werden. Und doch: Ich bin ein Mann mit Prinzipien. Es stehen noch einige auf meiner Liste ..." Mit diesen Worten kehrte er im Juni 2018 zurück: Dr. Bernhard Sommerfeldt, praktizierender Arzt in Norddeich, dem die Menschen vertrauen und der auch schon mal einen brutalen Ehemann beseitigt. Keiner weiß, dass er ein Mann mit einer anderen Vergangenheit ist, als es sich manche vorstellen. Der Krimi „Totentanz am Strand" ist der zweite Band der neuen Serie von Bestsellerautor Klaus-Peter Wolf. Er lebt als freier Schriftsteller und Drehbuchautor in der Stadt Norden. Seine Bücher wurden in 22 Sprachen übersetzt und millionenfach verkauft, so auch die Krimis „Ostfriesenfeuer", „Ostfriesenwut" und „Ostfriesenschwur". Sie stiegen von Null jeweils direkt auf Platz 1 der Spiegel-Bestsellerliste ein und hielten sich monatelang in den Top Ten. Eine weitere Facette, die seine Werke ausmacht, kommentierte Ernst Corinth in der Hannoverschen Allgemeinen Zeitung: „Irgendwann wird man ihm in seiner ostfriesischen Wahlheimat bestimmt ein Denkmal setzen. Kaum ein anderer Autor schildert jedenfalls so liebevoll Ostfriesland und die Menschen, die dort leben."

Die Kultkrimis von Klaus-Peter Wolf sind auch ein Spiegelbild von Ostfriesland und den hier lebenden Menschen.

Die Seehundstation in Norddeich steht auch Besuchern offen

Zeitweiliges Heim für Heuler

23

Seehundstation Nationalpark-Haus
Dörper Weg 24
26506 Norden
Tel.: 04931 973330
www.seehundstation-norddeich.de

Es passiert immer wieder, dass junge Seehunde von ihrer Mutter getrennt und fernab vom Wurfplatz angetrieben werden. Die verwaisten Tiere finden in Norddeich vorübergehend ein neues Zuhause. Dort zieht in der Seehundstation Nationalpark-Haus ein Team von Profis und freiwilligen Helfern die sogenannten „Heuler" auf, bis sie wieder in die Nordsee ausgewildert werden und dort überleben können. Besucher bekommen bei Ausstellungen, Veranstaltungen und Begegnungen mit den Meeressäugern einen Eindruck von der verantwortungsvollen Aufgabe im Umfeld des Niedersächsischen Wattenmeeres, das als Nationalpark und Biosphärenreservat besonderen Schutz genießt. Es kommt vor, dass man dort bei einem Strandspaziergang oder einer Wattwanderung ein heulendes Robbenjunges verlassen vorfindet, das einen obendrein mit großen Augen ansieht. Doch auch wenn es schwerfällt: Das Tier unbedingt dort liegen lassen. Im Gegenteil heißt es nun: Abstand halten! Es tröstet der Gedanke, dass die Laute eines Heulers – anders, als der Begriff vermuten lässt – keineswegs Weinen bedeuten. Vielmehr handelt es sich um die normalen Kontaktlaute des Jungtieres, dessen Mutter womöglich schon bald wiederauftaucht. Und doch kann jeder etwas tun, und zwar den zuständigen Seehundjäger, Naturschützer oder die Polizei informieren. Denn nur Experten können einschätzen, ob das Tier wirklich Hilfe benötigt und sie auf förderliche Weise leisten.

Als „Heuler" werden wenige Wochen alte Seehunde bezeichnet, die dauerhaft von der Mutter getrennt sind.

Vor dem Watt liegen oft herrliche Dünenlandschaften

Bei Wattführungen ist auch viel über die Tierwelt zu erfahren

24

Begegnungen mit den Small Five

Niedersächsisches Wattenmeer

www.nationalpark-wattenmeer.de/nds

Wenn die Nordsee sich zurückgezogen hat, sind einige Inseln schon beinahe keine Inseln mehr. Dann ist es beispielsweise möglich, von Neßmersiel zur Insel Baltrum zu spazieren. Wattwandern ist zu jeder Jahreszeit ein Erlebnis, sei es barfuß im Sommer, wenn das Schlickwatt die Füße kühlt oder die Wellenlinien des Sandwatts sie massieren. Oder bei Wind und Wetter in Gummistiefeln. Nur eins ist dabei niemals zu unterschätzen: die Kraft und Schnelligkeit des wiederkehrenden Meeres. Bei auflaufendem Wasser füllen sich die Priele, die Wasserläufe im Watt, werden immer tiefer und bilden Strömungen. Wasserflächen tauchen plötzlich dort auf, wo vorher keine waren. Darum gilt: Immer mit einem ortskundigen Wattführer laufen. So erfährt man auch mehr über den Lebensraum und seine Bewohner. Es ist das Zuhause unvorstellbar vieler Muscheln, Krebse und Würmer. Im Watt kommen rund zehnmal so viele von ihnen vor wie am Meeresgrund der offenen Nordsee. Dazu gehören die „Small Five", die fünf bedeutsamsten Tiere des Wattenmeeres. Und zwar der Wattwurm, die Gemeine Herzmuschel, die Gemeine Strandkrabbe, die Gemeine Wattschnecke und die Nordseegarnele. Die „Kleinen Fünf" spielen eine wesentliche Rolle im ökologischen Gefüge des Nationalparks. Auch für Fische und Vögel ist das Wattenmeer ein reich gedeckter Tisch. Wattwanderungen werden fast überall auf den Ostfriesischen Inseln angeboten und auch an einigen Orten vom Festland, etwa ab Norden-Norddeich oder Schillig.

Bei Ebbe ist es beispielsweise möglich, von Neßmersiel zur Insel Baltrum zu spazieren.

Jede Insel bietet Besonderes, etwa am Strand auf Norderney …

… oder in den Dünenlandschaften von Juist

Eine Kette mit elf Perlen

25

Ostfriesische Inseln GmbH
Goethestraße 1
26757 Borkum
Tel.: 04922 933141
www.ostfriesische-inseln.de

Aufgereiht wie eine Perlenkette betten sich die Ostfriesischen Inseln vor die niedersächsische Küste: Borkum, Juist, Norderney, Baltrum, Langeoog, Spiekeroog, Wangerooge – die sieben bewohnten Inseln in dieser Reihenfolge von West nach Ost; hinzu kommen die vier unbewohnten Eilande Memmert, Lütje Hörn, Mellum und Minsener Oog. Insgesamt ist die zwischen Emsmündung und Jadebusen liegende Inselgruppe rund 90 Kilometer lang.

Ähnlich wie bei den Nordfriesischen Inseln erstreckt sich an der dem Festland zugewandten Seite das Wattenmeer, während sich die jeweils andere Inselseite mit Sandstränden dem offenen Meer zuwendet. Und doch sind diese Inseln anders als ihre Schwestern in Schleswig-Holstein: Sie besitzen keine Geestkerne, sondern entstanden laut der gängigen „Platen-Hypothese" durch die Kräfte von Strömungen, Seegang und Wind, die für Ablagerungen von Sedimenten sorgten, und Sturmfluten, die zur Abspaltung vom Festland führten. Während also die nordfriesischen Inseln als Geestkern- oder auch Marscheninseln bezeichnet werden, handelt es sich bei den ostfriesischen Inseln um sogenannte Dünen- oder Barriereinseln.

Die Inseln Norderney, Baltrum, Langeoog, Spiekeroog und Wangerooge sind bei Ebbe auch zu Fuß vom Festland aus erreichbar.

Jede der sieben großen Perlen ist von eigener Schönheit. Und genau genommen ist die Kette noch länger, setzt sich mit den westfriesischen Inseln vor der niederländischen Küste fort: Texel, Vlieland, Terschelling, Ameland, Schiermonnikoog und Rottumeroog. Bis auf Texel, die zur Provinz Nordholland gehört, liegen alle in der Provinz Friesland.

Etwas Besonderes sind die Strandzelte auf Borkum …

… und hier dennoch zahlreich vorhanden

Gestreifte Zelte und dicke Milch

26

Tourist-Information Borkum

Am Georg-Schütte-Platz 5
26757 Borkum
Tel.: 04922 9330
www.borkum.de

So sieht es an vielen Nordseestränden aus: Strandkörbe verteilen sich auf dem Sand, mal in Parzellenstruktur aufgereiht, mal verwegener nach Belieben vor den Dünen verteilt. Mal einheitlich weiß und mal bunt. Auf Borkum ist es anders: Farbenfroh gestreifte Zelthäuschen stehen da, wie Behausungen aus einem Bilderbuch. Die Strandzelte haben schon mehr als 100 Jahre Tradition auf der größten der Ostfriesischen Inseln, die auch ein anerkanntes Nordseeheilbad ist. So stehen sie dort noch heute, auch wenn inzwischen genauso Strandkörbe zu mieten sind, die viele einfach bequemer finden.

Noch eine Tradition hat sich auf Borkum gehalten: In der Anfangszeit des Bädertourismus im frühen 20. Jahrhundert gab es auf der Insel kleine Holzbuden am Badestrand, in denen die „dicke Milch" verkauft wurde. Heute sind die Milchbuden kleine Strandlokale, die im Frühjahr aufgebaut und im Spätherbst wieder abgebaut werden, und zwar nach dem Rotationsprinzip: Weil an einigen Stränden mehr los ist als an anderen, wechseln die Standorte jährlich. So haben alle Betreiber die gleichen Chancen. Für Stammgäste bedeutet es, die Lieblingsbar ein wenig suchen zu müssen, dafür lernt man die Insel umso besser kennen. An den Milchbuden gibt es heute unter anderem auch Krabbenbrote, Matjes, rote Grütze sowie typische Strandkioskprodukte wie Getränke, Eis und Süßigkeiten. In einigen Milchbuden wird auch noch die „dicke Milch" verkauft. Man bekommt die Spezialität heute auch mit Sanddorn verfeinert.

Borkum ist mit einer Fläche von rund 31 Quadratkilometern die größte der Ostfriesischen Inseln.

Auf einigen ostfriesischen Inseln ist man per Kutsche unterwegs

Mitunter liegen auch Seehundsbänke nah am Ufer

Schiffsfriedhof und „Seeräuber"

27

Robben, beziehungsweise Seehunde sind heute die größten freilebenden Raubsäuger in Deutschland, bis zu 250 Kilogramm können sie wiegen. Am westlichen Strand auf Borkum sind sie gut zu beobachten. Hier verbringen die Tiere auf der Seehundbank „Hohes Riff" ihre Ruhezeiten, wenn diese bei Ebbe aus dem Meer hervortritt. Es wirkt beinahe so, als gönnten sie sich einen ausgiebigen Urlaub, in der Sonne dösend und nur gelegentlich ins Wasser gleitend, um sich einen Fisch zu schnappen. Bei von der Watthanse angebotenen Führungen kommen Besucher den Seehunden näher und erfahren zugleich eine Menge über sie sowie über weitere Lebewesen im Spülsaum am Strand. Am besten kombiniert man das Ganze mit einem Besuch im Hafen beim Nationalpark-Schiff „Borkumriff". Das Feuerschiff, ein technisches Kulturdenkmal, beherbergt eine Ausstellung zu Natur am Borkum-Riff und dem Nationalpark Wattenmeer. Es wurde ab 1956 als Seezeichen eingesetzt und 1988 außer Dienst gestellt. Das Borkumriff, rund 30 Kilometer nordwestlich von Borkum, war ein berüchtigter Schiffsfriedhof aufgrund der betonharten Sandbänke, die sich hier oft unter der Wasseroberfläche verbergen. Obendrein war das Leuchtfeuer von Borkum für die Schifffahrt aufgrund der Erdkrümmung auf dieser Höhe nicht mehr zu erkennen. Daher besetzte man die Position bereits ab 1875 mit einem Feuerschiff, einem schwimmenden Leuchtturm sozusagen. Die heute im Borkumer Schutzhafen liegende „Borkumriff IV" war das letzte bemannte Feuerschiff.

Die Position Borkumriff, markiert durch die Koordinaten 53° 47'Nord 6° 22'Ost, war ein berüchtigter Schiffsfriedhof.

Watthanse

Specksniederstrate 3
26757 Borkum
Tel. 04922 697
www.watthanse.de

Nationalparkschiff Borkum

Am Neuen Hafen 9
26757 Borkum/
OT Reede
Tel.: 04922 2030
www.nationalparkschiff-borkum.de
www.feuerschiff-borkumriff.de

Im Nordsee-Aquarium auf Borkum bieten sich lebendige Einblicke

Wer genau hinsieht, entdeckt sogar Mikroorganismen

Sechzehn Becken Nordseeleben

28

Nordsee-Aquarium
Von-Frese-Straße 46
26757 Borkum
Tel 04922 933744
www.nordsee-aquarium.de

In jedem Liter Nordseewasser existieren Millionen kleiner Lebewesen. Es macht dieses Meer zu einem der produktivsten der Welt. Neben der Vielfalt von Mikroorganismen, Hunderten von Arten an Algen, kommen etliche Arten von Fischen und Meerestieren bis hin zu den Seehunden hier vor. Darunter auch Fische, die eine Metamorphose durchmachen, Arten die männlich zur Welt kommen und sich erst später zum Weibchen entwickeln. Dabei bildet das Wattenmeer eine Kinderstube. Hier ist der Tisch vor allem für Heringe oder Plattfische wie die Scholle reich gedeckt, und sie können relativ geschützt vor Fressfeinden aufwachsen. Lebendige Eindrücke von alldem vermittelt das Nordsee-Aquarium auf Borkum. In insgesamt 16 Aquarienbecken sind unter anderem Katzenhaie, Nagelrochen, Europäische Wolfsbarsche, winzige Gespensterkrebse oder Seespinnen zu beobachten. Wer genau hinsieht, kann auch Plankton wie den Bäumchen-Röhrenwurm oder Blätter-Moostierchen entdecken. Neben dem Aquarium informieren im Ausstellungsraum umfangreiche Schautafeln mit Hintergrundinformationen zu bedeutenden Themen aus der Naturregion Nordsee. Es geht dort unter anderem um besondere Phänomene und Kuriositäten in der Unterwasserwelt der Nordsee, die Entstehung dieses Meeres, die Kinderstube Weltnaturerbe Wattenmeer, die Nahrungskette in der Nordsee, aber auch um kritische Themen wie die Veränderung des Lebensraums durch den Klimawandel und die Folgen der Überfischung.

Hier sind unter anderem Katzenhaie, Nagelrochen, Europäische Wolfsbarsche, Gespensterkrebse oder Seespinnen zu beobachten.

Markanter Hingucker mit Kuppel: Das Kurhaus auf Juist

Auch der Strand von Juist kann sich sehen lassen

Zauberland im Wattenmeer

29

„Töwerland" wird die längste ostfriesische Insel auch genannt. Denn Juist wohnt ein Zauber inne, der so manche immer wiederkommen lässt. Die fragilen 17 Kilometer Land, gerade einmal bis zu 900 Meter breit, bestehen im Norden auf ganzer Länge aus hellem Sand und Dünen. Landschaftlich Besonderes ist auch im grünen Süden zu entdecken. So hat hier der größte Süßwassersee der Ostfriesischen Inseln seinen Platz gefunden: Der Hammersee entstand 1932, nachdem der Dünendeich vor der Hammerbucht gebaut worden war. Von der Aussichtsplattform „Dree Water Uitkiek" sind alle drei Gewässer sichtbar: die Nordsee, das Wattenmeer und der Hammersee. Westlich der Hammerbucht schuf der Biologe Otto Leege in den 1920er-Jahren etwas, das selten ist auf diesen Inseln. Er ließ mehr als 50.000 Bäume anpflanzen, und zwar Arten wie Schwarzerle und Karpatenbirke, die auch einer steifen Brise standhalten. Ein Wäldchen gedieh, in dem sogar Rotwild angesiedelt werden konnte. Auf der Insel ist man mit höchstens ein oder zwei Pferdestärken unterwegs und die beiden Ortschaften heißen, jede auf ihre Weise, schlicht Dorf: das kleinere, Loog, heißt so aus dem Friesischen übersetzt, und auch der Hauptort Juist wird so genannt. Einen mondänen Kontrast bildet dort das Strandhotel Kurhaus im Stil der Grandhotels des 19. Jahrhunderts. Schon der Weg nach Juist bedeutet, die Dinge geruhsam anzugehen. Die Gezeiten geben vor, wann Besucher an- und abreisen dürfen, denn nur bei Flut hat die Fähre ausreichend Wasser unter dem Kiel.

Kurverwaltung Juist
Strandstraße 5
26571 Juist
Tel.: 04935 809106
oder 809107
www.juist.de

Sandstrand auf voller Länge: Mit 17 Kilometern bricht Juist den ostfriesischen Inselrekord.

Pavillon mit poetischer Vergangenheit auf Norderney

Der Strand von Langeoog könnte auch andere zum Dichten verleiten

30

Wo Heine über das Meer dichtete

Tourist-Information im Conversationshaus

Am Kurplatz 1
26548 Norderney
Tel.: 04932 8910
www.norderney.de

Das älteste Seebad der Nordsee bedeutet eine Zeitreise in die Bädergeschichte. In den traditionellen Badekarren können sich heute auf Norderney Paare trauen lassen. Anno dazumal hingegen wäre es unerhört gewesen, sich in solch einem Gefährt zu küssen. Es diente als Kabine für das diskrete Badevergnügen der Kurgäste. Die hölzernen Karren wurden von Pferden ins Wasser gezogen, sodass sich die Herrschaften darin umziehen konnten, die Dame getrennt von dem Herrn, so wie es sich geziemte.

Mit Norderney wurde im 18. Jahrhundert die Kultur des Seebadens und der Strandkörbe an der Nordseeküste eröffnet. Das 1797 gegründete Seebad ist das zweitälteste in Deutschland (nach Heiligendamm an der Ostsee, gegründet 1793). An die Anfangsjahre erinnern historische Gebäude auf Norderney, mit Fassaden aus der wilhelminischen Ära, dem Jugendstil, dem Bäderstil, dem Klassizismus und der Biedermeierzeit. Das erstmals 1799 errichtete Kurhaus (Conversationshaus) beherbergt heute die Tourist-Information. Geschichte schrieb auch die Marienhöhe. Auf der rund zwölf Meter hohen Düne ließ Königin Marie von Hannover einen Holzpavillon errichten, der Heinrich Heine gewidmet wurde. Der Dichter reiste in den Jahren 1823 bis 1827 nach Cuxhaven, Norderney und Wangerooge und schrieb dabei die wohl meisten seiner Verse, die in den ersten und zweiten Zyklus seiner Gedichtsammlung „Die Nordsee" eingingen. Auf Norderney soll das „Lied am Meer" aus seiner Feder geflossen sein.

In der „neybox", einem zentral aufgestellten Badekarren, können Paare per Videobotschaft ihre Liebe schwören.

Langeoog lädt zum Fitwerden ein, sei es bei Wanderungen …

… oder zum Beispiel im Kur- und Wellnesscenter

Eine Insel für Aktive

31

Klar: Alle Ostfriesischen Inseln mit ihren herrlichen Stränden laden zum Durchatmen ein, bieten Erholung, oft auch viele Kureinrichtungen. Und doch hat jede der sieben einen eigenen Charakter. So gilt das autofreie Langeoog ganz besonders als Insel für Aktive. Aktivitäten und Fitness sind das Aushängeschild der als Thalasso-Nordseeheilbad zertifizierten Insel. Ein Sportstrand und Strandbereiche für Nichtraucher tragen zum Gesundheitsbewusstsein bei, Wanderwege entführen in eine herrliche Dünenlandschaft. Die drittgrößte ostfriesische Insel wurde im Jahr 2014 – zusammen mit Norderney – als eine der ersten vom Europäischen Prüfinstitut Wellness und Spa e.V. offiziell als Thalasso-Standort anerkannt. Zu den auf Langeoog angebotenen Anwendungen zählen unter anderem klassische Thalasso-Schlick- und Algenbäder sowie Thalassomassagen. Bei anderen wiederum werden Essenzen aus der Region eingesetzt, wie etwa Sanddorn, Strandflieder oder Rosenblüten. Für die begleitende Bewegung gibt es vier Thalasso-Therapiewege, die Spaziergänger genauso wie Nordic Walker nutzen können. Sie wurden mit unterschiedlichen Anforderungen an Ausdauer und Reizwirkung gestaltet und führen zu verschiedenen sehenswerten Orten wie zum Wasserturm, durch das Inseldorf oder zu Stränden. Eine der Touren ist barrierefrei. Am von einem Team betreuten Sportstrand gibt es Aktionen wie Thalasso-Beachwalking, „Fit in den Tag“ und spezielle Angebote für Kinder.

Aktivitäten und Fitness sind das Aushängeschild der als Thalasso-Nordseeheilbad zertifizierten Insel.

Tourismus-Service Langeoog
Rathaus Langeoog
Hauptstraße 28
26465 Langeoog
Tel.: 04972 6930
www.langeoog.de

Einmalig: Mit der Museumspferdebahn über Spiekeroog fahren

Überaus idyllisch liegt die Inselkirche auf Spiekeroog

Mit einem PS über die Gleise

32

Pferdebahn Spiekeroog

ehemaliger Bahnhof Westend
26474 Spiekeroog
www.spiekeroog.de
www.inselbahn.de

Als Hans Roll, Lehrer in Pforzheim, erfuhr, dass die historische Inselbahn von Spiekeroog eingestellt werden sollte, musste er etwas dagegen tun. Denn dies ist eine ganz besondere Inselbahn: Sie wird von Pferden gezogen. Über das Stuttgarter Straßenbahnmuseum organisierte der Eisenbahnfan einen offenen Sommerpferdebahnwagen von anno 1886. Seither pendelt während der Saison nachmittags wieder das kleine Wägelchen mit einem PS, und zwar auf genau der Trasse, auf der 1885 die Pferdebahn zum Herrenbadestrand fuhr. Sie fügt sich in das Bild von Spiekeroog, ein Naturjuwel und für manche die schönste der Ostfrieseninseln.

Das kleine Wägelchen pendelt auf genau der Trasse, auf der 1885 die Pferdebahn zum Herrenbadestrand fuhr.

Spiekeroog ist knapp 19 Quadratkilometer groß und hat rund 800 Einwohner. Das adrette Inseldorf wird gehegt und gepflegt, oft sieht man hier die Inselfarbe Grün an Türen und Fensterläden. Die Friesenhäuschen sind von gepflasterten Wegen und etlichen Laubbäumen umgeben. In einige der Häuser sind Kunsthandwerksläden, Ateliers und Boutiquen eingezogen. Mittendrin behauptet sich die Alte Inselkirche aus Backstein. Sie wurde bereits 1696 errichtet und ist damit das älteste erhaltene Gotteshaus der Ostfriesischen Inseln. Die herrliche Landschaft Spiekeroogs lädt zu Wanderungen ein, sei es am Sandstrand mit seiner Länge von 15 Kilometern, entlang der Salzwiesen oder durch das Inselwäldchen. Im Nationalpark-Haus Wittbülten erfahren Besucher einiges über das Wattenmeer. Obendrein besitzt die Insel die höchste Düne Ostfrieslands: Der Wittdün (Weiße Düne) bringt es auf schwindelerregende 24 Meter.

Auf Wangerooge gefallen auch die Salzwiesen vor dem Westturm …

… und der herrliche Sandstrand im Abendlicht

Himmelspost auf Wangerooge

33

Wangerooge
www.wangerooge.de

Es klappte zunächst alles so, wie Reinhold Tiling es geplant hatte. Die Presse war anwesend, auch Honoratioren und Militärbeobachter befanden sich unter den rund 150 Zuschauern, die er eingeladen hatte. Sie alle versammelten sich im Ochsenmoor auf Wangerooge: Ziel seines spektakulären Versuchs war, die Ostfriesischen Inseln aus der Luft mit Post zu versorgen, damit die Bewohner nicht länger auf die Insel-Fähren angewiesen waren. Später, so seine große Vision, sollten mit einem Raketenflugzeug auch bemannte Flüge möglich sein. Auch das Wetter spielte mit an jenem Tag im April 1931. Also platzierte Tiling seine hölzerne Raketenkonstruktion und die Abschussrampe, setzte den Treibsatz ein und belud die Rakete mit 190 Postkarten. Der Versuch glückte, die Rakete schoss mehr als zwei Kilometer weit in den Himmel und kehrte mit nahezu unversehrten Postkarten zurück, lediglich zwei waren dem Treibsatz zu nah gewesen und verkokelt. Die anderen wurden von Tilling persönlich signiert, bei einem regulären Postamt aufgegeben, und ihre Marken sind heute begehrte Sammlerstücke. Der Presserummel war groß, sogar die New York Times berichtete auf der Titelseite vom Start. Wie besessen entwickelte der Raketenpionier seine Idee weiter. Am 10. Oktober 1933 endete dieses Kapitel der Luftfahrtgeschichte abrupt, als sich in seiner Werkstatt versehentlich mehrere Treibsätze entzündeten. Es kam zu einer heftigen Verpuffung. Reinhold Tiling, seine Assistentin und ein Mechaniker erlitten dabei so schwere Verbrennungen, dass sie es nicht überlebten.

Im Ochsenmoor auf Wangerooge erinnert heute ein Gedenkstein an die ersten deutschen Postraketen-Versuche.

Der Museumsweg verbindet die Schauplätze des Sielhafenmuseums …

… Hier zum Beispiel ist die Rettungsstation zu entdecken

Paradebeispiel für Landgewinnung

34

Durch sie konnten die friesischen Küsten wachsen: Das Entwässerungssystem der Siele half bei der Landgewinnung. Besonders eindrucksvoll zeigt es sich in Carolinensiel. Die Ortschaft befand sich einst direkt an der Küste, bildete den zweitgrößten Siel- und Handelshafen Ostfrieslands. Heute liegt sie fast zwei Kilometer landeinwärts, während der neu gewachsene Ortsteil Harlesiel den heutigen Seehafen bildet. Grund genug für ein Deutsches Sielhafenmuseum. Es verteilt sich auf vier Häuser rund um den Museumshafen und weitere Plätze in beiden Ortsteilen, die ein historischer Rundwanderweg (7 km) verbindet. Um die Geschichte der Siele, Häfen, Deiche und Schifffahrt geht es im Groot Hus, einem Kornspeicher aus dem Jahre 1840. Auch über Küstenfischerei und Nordseetourismus informiert die Ausstellung. Über das „Leben an Land" berichtet das 1803 errichtete Kapitänshaus mit originalgetreuer Hafenapotheke, Seemannskneipe und Kaufmannsladen. Im Gebäude der Alten Pastorei werden maritime Handwerksberufe wie Schiffbauer, Takler, Blockmacher, Seiler und Böttcher dargestellt. In Richtung Harlesiel schließlich steht die historische Rettungsstation direkt an der Friedrichsschleuse, die den einstigen Hafen vor Überflutungen schützte. Dem Museumsweg weiter folgend, geht es noch bis zum Strand von Harlesiel. Zurück folgt die Route der „Goldenen Linie". Sie bildete im 17. Jahrhundert die Grenze zwischen dem Fürstentum Ostfriesland und der Grafschaft Oldenburg in der Harlebucht.

Der historische Rundwanderweg wurde zum 275. Hafenjubiläum von Carolinensiel eingerichtet.

Deutsches Sielhafenmuseum
Pumphusen 3
26409 Carolinensiel
Tel.: 04464 86930
www.deutsches-sielhafenmuseum.de

Dieser verborgene Platz steht für das Lebensgefühl der Friesen

Ein Hügel mit Geschichte

35

Upstalsboom
Am Upstalsboom
26605 Aurich (Rahe)
www.ostfriesland.de
www.eez-aurich.de

Etwa drei Kilometer südlich von Aurich führt eine Allee zu einem Hügel, auf dem eine Steinpyramide steht. Der verborgene Platz steht für das Lebensgefühl der Friesen, vielmehr noch: Es wurde hier geboren. Hier, am Upstalsboom, befand sich im Mittelalter die Versammlungsstätte der Abgesandten der friesischen Landesgemeinden, der sogenannten „Sieben Seelande". Sie hatten sich zu einem Bund zusammengeschlossen, um Recht zu sprechen und die Einheit und Freiheit Frieslands zu beschwören. Der Begriff „Upstal" bedeutet so viel wie eingezäuntes Flurstück, während „Boom" ein bearbeitetes Rundholz bezeichnet, das hier zum Anbinden des Viehs gestanden haben könnte. Bei der Erhebung handelt es sich um einen wohl bereits um das Jahr 800 geschaffenen Grabhügel.

Aurich ist auch die Stadt der regenerativen Energien mit einem „Energie-Erlebnis-Zentrum".

Aurich sieht sich als „Ostfrieslands heimliche Hauptstadt". Die mit 41.000 Einwohnern zweitgrößte Stadt der Region war als Residenz mehr als 400 Jahre lang das Zentrum regionaler Politik und Kultur. Dieses Erbe pflegt das regionale Kulturparlament „Ostfriesische Landschaft", der ehemalige politische Verbund der ostfriesischen Stände. Obendrein gilt Aurich als „Stadt der regenerativen Energien", denn es ist Hauptstandort des Unternehmens Enercon, Deutschlands größtem Hersteller von Windkraftanlagen. Mit dem Energie-, Bildungs- und Erlebnis-Zentrum (EEZ) wurde eine passende touristische Attraktion geschaffen. Die Dauerausstellung erklärt das Thema Energie an sieben Stationen und geht auch auf die Herausforderungen an die Zukunft ein.

Man sieht sie so häufig – in Holtriem ist eine zu besichtigen

Windenergieanlage mit Wendeltreppe

36

Begehbare Windenergieanlage
Linienweg
26556 Holtriem
(Westerholt)
Telefon 04977 264820 (Besichtigung)
www.begehbarewindenergieanlage.jimdo.com

Sie hat 34 Schwestern und eine Nennleistung von 1,5 Megawatt. Ihr Rotordurchmesser beträgt 66 Meter – jeder Flügel ist also mehr als 30 Meter lang. Nur eins unterscheidet sie von der Masse der schlanken, weißen Türme: Diese Windenergieanlage vom Typ Enercon E-66 ist begehbar. Sie steht im Windpark Holtriem in Westerholt im örtlichen Gewerbegebiet. Westerholt, rund 20 Autominuten von Aurich entfernt. Im Stahlturm der Windkraftanlage befindet sich eine Wendeltreppe, über die Besucher zur Aussichtsplattform in 62 Meter Höhe gelangen. Nur in dieser begehbaren Anlage ist eine Treppe eingebaut, während reguläre Windenergieanlagen nicht mit solchem Stufenwerk ausgestattet sind. Bereits auf dem Weg nach oben sind die Betriebsgeräusche der Anlage zu hören. Besonders stark sind die Motorengeräusche, wenn der Kopf der Anlage gerade in den Wind gedreht wird. Bei stärkeren Winden kann der Turm sogar vibrieren oder etwas schwanken. Alle, die die 297 Stufen unterschätzt haben, können auf eingebauten Zwischenpodesten durchatmen. Spätestens ganz oben angekommen, bereut es keiner mehr, es eröffnet sich bei gutem Wetter ein herrlicher Blick über Ostfriesland. Die geschlossene Plattform, mit ihren schräg gestellten Scheiben ähnelt sie einem Flughafentower, entwarf der englische Architekt Norman Foster, genauso wie das charakteristische Enercon-Design der Windenergieanlagen.

Bereits auf dem Weg nach oben sind die Betriebsgeräusche der Anlage zu hören.

Das Ewige Meer ist ein Hochmoorsee und liegt fernab der Küsten

Meer einmal landeinwärts

37

Das Schöne in Ostfriesland ist: Es gibt Meer in allen Richtungen, auch wenn man nicht gerade auf einer der Inseln ist. Denn als „Meere" werden hier auch große Binnenseen bezeichnet. Einer davon ist obendrein der größte Hochmoorsee Deutschlands: das Ewige Meer mit seiner Fläche von rund 90 Hektar. Das Naturschutzgebiet befindet sich rund 15 Kilometer nördlich von Aurich bei der Ortschaft Eversmeer. Ein Holzbohlenweg mit Info-Tafeln schlängelt sich durch die Moorlandschaft und entlang des Gewässers. Die Tafeln mit ihren Frage-und-Antwort-Spielen, Klapp- und Drehelementen sind auch für Kinder spannend. Am Ewigen Meer leben unter anderem Graugänse, Stock- und Krickenten, Brachvögel, Bekassinen und Trauerseeschwalben. Nur Fische können in dem sauren Wasser des Moorsees nicht gedeihen. In der Umgebung stießen Archäologen unter anderem auf die Moorleiche von Bernuthsfeld.

Zugänglich ist das Ewige Meer nur von einem Parkplatz an der Nordseite des Naturschutzgebietes. Von hier aus sind es nur wenige Schritte bis zu dem Bohlenweg, für den man circa 60 bis 90 Minuten benötigt. Bereits nach zehn Minuten ist die geheimnisvolle, dunkle Wasserfläche erreicht. Nach dem Spaziergang lockt das gemütliche „Café Zum Ewigen Meer" mit täglich frisch gebackenen Torten und Kuchen. Es ist auch eine Galerie mit wechselnden Ausstellungen regionaler Künstler.

Der größte Hochmoorsee Deutschlands hat eine Wasserfläche von 90 Hektar, also rund 900 Quadratmetern.

Naturlehrpfad „Ewiges Meer"
Parkplatzstraße
26556 Eversmeer
Tel.: 04975 295
www.ostfriesland.de/mein-ostfriesland/ferienorte/holtriem/interessantes/naturlehrpfad-ewiges-meer

Café Zum Ewigen Meer
Parkplatzstraße 3
Tel.: 04975 7778372
26556 Eversmeer
www.cafe-zum-ewigen-meer.de

Im Wittmunder Pflaster haben sich schon einige Prominente verewigt

Die berühmten Hände von Wittmund

38

Meta Rogall, Wirtin der Musikkneipe „Haus Waterkant" in Norddeich, hatte es schriftlich: Die Aufenthaltserlaubnis des Arbeitsamts Emden vom 9. August 1966 bescheinigte, dass die „Beat-Kapelle" bei ihr auftreten durfte. Den Namen des in Südafrika geborenen Sängers kannte damals kaum einer. Er hieß Howard Carpendale und tourte gerade mit seiner Rock-'n'-Roll-Band. Der Gig in Ostfriesland war sein erster Auftritt in Deutschland. So ließ sich der heute weltberühmte Schlagersänger nicht lange bitten, als er 2014 gefragt wurde, ob er seinen Handabdruck im Pflaster von Wittmund hinterlassen würde. Und damit ist er in illustrer Gesellschaft. Die Kreisstadt im Nordwesten der Region nämlich hat eine besondere Flaniermeile, geschaffen nach dem Vorbild von Hollywoods „Walk of Fame". Auf Tonplatten in der Fußgängerzone haben sich bekannte Persönlichkeiten mit Hand und Unterschrift verewigt. Das Stadtbild „prägten" auch schon Heidi Kabel, Andrea Berg, Uwe Seeler und natürlich Otto Waalkes als prominenter Ostfriese.

Bekannte Persönlichkeiten aus Politik, Musik, Sport und Show „prägten" die Innenstadt.

Startpunkt der „Hands of Fame" ist der „Bundespräsidentenplatz" in der Kirchstraße/Ecke Drostenstraße. Hier hinterließen ehemalige Bundespräsidenten ihre Handabdrücke, bisher Walter Scheel, Richard von Weizsäcker, Roman Herzog, Johannes Rau, Horst Köhler und Christian Wulff. Insgesamt gibt es inzwischen rund 60 berühmte Hände in Wittmund, und die Meile soll noch weiterwachsen. Zur feierlichen Einweihung der neuen Platten werden natürlich auch die Prominenten eingeladen.

Hands of Fame

Am Markt/Marktplatz in der Fußgängerzone
26409 Wittmund
www.wittmund-tourismus.de
www.hands-of-fame.de

Das Schloss von Jever …

… und die allseits bekannte Brauerei

Etikett mit adligem Hintergrund

39

Tourist-Information Jever
Alter Markt 18
26441 Jever
Tel.: 04461 93926
www.stadt-jever.de

Der Name lässt an ein schäumendes Getränk mit Hopfen denken. Dabei übersehen manche Auswärtige, dass Jever auch eine Stadt ist, die ein sehenswertes Schloss zu bieten hat (auch wenn dieses das Flaschenetikett ziert). Der markante Bau mit dem Zwiebelturm geht auf eine mittelalterliche Wehranlage (14. Jh.) zurück, der unter Maria von Jever (1500–1575) maßgeblich ausgebaut wurde. Sie entstammte dem Häuptlingsgeschlecht der Wiemkens und war die letzte Regentin der Herrschaft Jever. Nach ihrem Tod fiel das Jeverland an die Grafen von Oldenburg. Fortan prangte Marias Wappen am Schlossturm. Die barocke Zwiebelhaube ließen die Fürsten von Anhalt-Zerbst aufstocken, die ab 1667 auf die Oldenburger Linie folgten. Im Zuge der Machtwechsel erfuhr das Schloss auch bauliche Veränderungen im Grundriss.

Maria von Jever (1500–1575), die letzte Regentin, entstammte dem Häuptlingsgeschlecht der Wiemkens.

Seit 1921 ist im Schloss Jever ein Museum untergebracht. Die Dauerausstellung zeigt die restaurierten historischen Räume wie den Gobelinsaal und die Fürstliche Galerie. Sie begleitet durch die Geschichte der Herrschaft Jever mit Zeugnissen höfischer und kleinstädtisch-ländlicher Wohnkultur. Andere Bereiche präsentieren Fayencen, Zinn und Silber aus jeverschen Manufakturen, eine als einmalig geltende Münzsammlung sowie Kleidung und Mode aus drei Jahrhunderten.

Auch das Friesische Brauhaus mit Brauereimuseum ist in Jever zu besichtigen. Besucher erfahren, wie vor rund hundert Jahren Bier gebraut wurde, und bekommen Einblicke in die moderne Produktionsstätte des friesisch-herben Getränks.

Auf der Tour de Fries sind friesische Kultur und Natur zu erleben …

… Etliche sehenswerte Ortschaften liegen an ihrer Strecke

Auf sechs Etappen durch Friesland

40

Weites Land und so gut wie keine Steigungen: Die Nordseeküste ist wie geschaffen für Pedalisten. So wurden herrliche Radwanderwege eingerichtet. Einer führt rund um den Landkreis Friesland, der ganz im Osten Ostfrieslands liegt und – genau genommen – eine eigene Region bildet. Die 293 Kilometer lange Rundradtour „Tour de Fries" mit Start und Ziel in Wilhelmshaven bezieht auch einen Teil des Landkreises Wittmund mit ein. Dabei sind friesische Kultur und Natur in all ihren Facetten zu erleben. Von der Nordseeküste bei Wilhelmshaven geht es über die Landschaften der Geest, Marschen und Moore weiter nach Wittmund und Varel. Dann führt die Strecke zurück an den Deich des Jadebusens und schließlich durch die Heimat der Friesen zwischen Dangast und Eckwarderhörne. Auf der Route liegen auch sehenswerte Sielorte und Städte wie Carolinensiel, Horumersiel, Hooksiel, Jever und Schortens.

Die „Tour de Fries" mit ihren sechs Etappen wurde vom Allgemeinen Deutschen Fahrrad-Club (ADFC) als Qualitätsradroute mit vier von fünf möglichen Sternen ausgezeichnet. Als überdurchschnittlich gut wurden dabei Breite, Oberflächenqualität und Wegweisung der Route bewertet. Sie verläuft größtenteils auf autofreien Wirtschaftswegen und Radwegen. Zum Januar 2016 hat sich der Routenverlauf an einigen Stellen geändert. Der neue Track ist auf der Webseite der Friesland-Touristik zu finden. Dort können sich an der Strecke interessierte Radler vorab auch einen kostenfreien Routenführer bestellen.

Auf der Tour zeigen friesische Kultur und Natur all ihre Facetten.

Friesland-Touristik Gemeinschaft

Nordseepassage,
1. Obergeschoss
Bahnhofstraße 10
26382 Wilhelmshaven
Tel.: 04421 9130017
www.friesland-touristik.de
www.adfc.de

Am grünen Strand von Wilhelmshaven

Die Stadt bietet außerdem Sehenswertes wie das große Aquarium

Marine und Maritimes am Jadebusen

41

Die Lage am nordwestlichen Ufer des Jadebusens war strategisch günstig. So wurde der Marinestützpunkt Wilhelmshaven am 17. Juni 1869 eingeweiht. Heute ist Wilhelmshaven, mit mittlerweile 75.500 Einwohnern der größte Marinestandort in Deutschland. An den Gründer Wilhelmshavens erinnert die drehbare Kaiser-Wilhelm-Brücke (1905) auf der Binnenseite des Hafens. Über die militärgeschichtlichen Hintergründe informiert das Deutsche Marinemuseum. Im zugehörigen Museumshafen sind unter anderem ein ehemaliger Zerstörer, ein Minenjagdboot und ein Unterseeboot zu besichtigen. Die inzwischen erweiterte Bedeutung der Hafenstadt zeigt sich in Sehenswürdigkeiten wie dem Küstenmuseum, dem Aquarium Wilhelmshaven und dem UNESCO-Weltnaturerbe Wattenmeer Besucherzentrum. Mit dem 2012 in Betrieb genommenen „JadeWeserPort" hat Wilhelmshaven auch den einzigen deutschen Tiefwasserhafen. Apropos Hafen – Warum schreibt man Wilhelmshaven eigentlich mit „v", genauso wie Bremerhaven und Cuxhaven? Ganz einfach, es gehört sich im Niederdeutschen so. Das fand seinerzeit auch Hafenbaudirektor Heinrich Goeker, doch es kam zunächst anders:
In der Gründungsurkunde stand doch tatsächlich Wilhelmshafen, dabei hatte er es im Entwurf der Urkunde doch extra mit „v" geschrieben. In Berlin hatte man es für einen Rechtschreibfehler gehalten und korrigiert. Empört wandte sich Goeker nach Berlin. Höchstpersönlich befahl König Wilhelm I. von Preußen, den vorherigen Buchstaben wieder einzusetzen.

Wilhelmshaven, ganz im Westen von Ost-Friesland, ist heute der größte Marinestandort in Deutschland.

Tourist-Information Wilhelmshaven
Bahnhofstraße 10
26382 Wilhelmshaven
Tel.: 04421 913000
www.wilhelmshaven-touristik.de

Deutsches Marinemuseum
Südstrand 125
26382 Wilhelmshaven
Tel.: 04421 400840
www.marinemuseum.de

Auch an authentischer Gastronomie bietet die Hafenmeile einiges

In Bremerhaven ist ein maritimes Tourismuszentrum gewachsen

Interaktiv durch die Nordmeere

42

In blaues Licht getauchte Räume nehmen einen mit auf eine Reise in die Welt der Fische. Die im Jahr 2016 wiedereröffnete Ausstellung „Expedition Nordmeere – Fischereiwelten Bremerhaven" entführt in deren nordische Lebensräume. Sie informiert über Fischereiforschung, Fischindustrie, Fischfang und -verarbeitung. Spannende Ausstellungsstücke kommen aus der bislang eingelagerten Landessammlung des legendären „Nordseemuseums". Von beeindruckenden Walskeletten bis zum skurrilen Tiefseefisch, der von einem anderen Planeten zu stammen scheint. Die Ausstellung befindet sich im Fischbahnhof, einem Treffpunkt für die Besucher des „Schaufenster Fischereihafen".

Auch sonst lädt Bremerhaven zum Eintauchen ein. Hier ist ein maritimes Tourismuszentrum gewachsen, das etliche Sehenswürdigkeiten bietet. Darunter das Deutsche Schifffahrtsmuseum, das Deutsche Auswandererhaus, ein Zoo am Meer und das Klimahaus, das eine Klimareise um die Welt ermöglicht (Siehe Nr. 98). Außerdem liegen hier das U-Boot „Wilhelm Bauer" und das Historische Museum Bremerhaven mit dem Museumsschiff FMS „Gera". Die drei großen Buchstaben bedeuten Fischereimotorschiff.

Zu den „Havenwelten" gehören außerdem die Weserpromenade mit dem Weserstrandbad, der Strandhalle, dem Großen Leuchtturm (1854), der Seebäderkaje und dem Schlepperpier sowie ein Museumshafen von 1830 und der kaum jüngere Neue Hafen (1852) mit Speicher, Drehbrücke und alter Schleuse.

Die Havenwelten vereinen etliche maritime Sehenswürdigkeiten und Hafenanlagen.

Expedition Nordmeere – Fischereiwelten Bremerhaven

www.expedition-nordmeere.de

Havenwelten Bremerhaven

Bremerhaven Touristik & Tourist-Infos
H.-H.-Meier-Straße 6
27568 Bremerhaven
Tel.: 0471 414141
www.havenwelten.de

In Ostfriesland stellt man für den „Nationalsport" auch Schilder auf

Ostfriesische Vorfahrtsregeln

43

Die Sportart gehört zu Friesland wie das Wattenmeer. Der Friese lernt zuerst das Laufen und dann das „Boßeln", heißt es. In Ostfriesland geht es so weit, dass die dabei geworfenen Kugeln „Vorfahrt" haben: Schilder werden aufgestellt und die Autos müssen solange warten. Ziel beim Boßeln ist es, eine Kugel aus Gummi oder Holz mit möglichst wenigen Würfen über eine bestimmte Strecke zu werfen. Die gastgebende Mannschaft macht den Anwurf, danach wird abwechselnd geworfen. Jeder Werfer setzt mit seinem Wurf an dem Landepunkt des Vorwerfers seiner Mannschaft an – auf diese Weise werden auch mal um die zehn Kilometer zurückgelegt. Ziel des Spieles ist es, die Boßelstrecke mit möglichst wenigen Würfen zu bewältigen. Durch verschiedene Wurftechniken lässt sich die Richtung, in die die Kugel rollt, bestimmen. Man unterscheidet drei Wurfarten: „Liek ut Hand", „över d' Finger" und „över d' Duum", was frei übersetzt so viel bedeute wie „aus der Hand", „über die Finger" und „über den Daumen". Ähnlich läuft das Klootschießen ab – ein Feldkampf, der traditionell auf überfrorenen Weiden ausgetragen wird. Dabei wird eine mit Blei ausgegossene Holzkugel von einem Absprungbrett aus hoch in die Luft geschleudert. Eine dritte, unbekanntere Disziplin ist der friesische Schleuderballwurf. Ohne Plattdeutsch, merkt der Auswärtige sogleich, kommt man hier nicht weit. Denn der Friesische Klootschießverband (KBV) hat in einem seiner Satzungspunkte von 1902 festgelegt, die friesischen Sitten und Bräuche sowie die plattdeutsche Muttersprache aufrechtzuerhalten.

Tradition hat auch der Klootschießer-Feldkampf zwischen den „Rivalen" Ostfriesland und Oldenburg.

Friesischer Klootschießerverband (FKV) e. V.

www.fkv-online.de

44 Reifehaus aus Ururomas Zeiten

Ammerländer Schinkenmuseum
Hauptstraße 212
26689 Apen
Tel.: 04489 6501
www.schinkeneum.de

Das Ammerland war um die Wende zum 20. Jahrhundert eine Hochburg der handwerklichen Schinkenproduktion. Reifezeiten von bis zu mehr als drei Jahren waren für die damaligen Hofbesitzer erstrebenswert; nur so konnte man sich in der Dorfgemeinschaft behaupten. **Hier betreibt Arnd Müller in der neunten Generation das „letzte lebende Schinkenêum unserer Zeit"**, so bezeichnet es der Inhaber treffend. Denn im letzten Reifehaus der Region aus den 1840er-Jahren reift die „Bunte Bentheimer Keule" wie anno dazumal, nunmehr im denkmalgeschützten Raum. Knirschende Holzböden und rauchige Wände entführen in die Geschichte.

In rustikaler Atmosphäre reifen deftige Keulen heran

Informatives zu Betonkolossen

45

Auch im Zweiten Weltkrieg war Emden als Industrie- und Hafenstadt von Bedeutung. Mit einem dunklen Teil der Geschichte beschäftigt sich das Bunkermuseum in der Holzsägerstraße. Im äußersten Nordwesten des Deutschen Reiches gelegen, war die Stadt für die in Großbritannien stationierten Bomberflotten der Alliierten schnell zu erreichen. Geblieben sind noch immer 31 hohe Luftschutzbunker, Betonkolosse, die das Stadtbild mitprägen. **Das Museum geht auf die Geschichte der Bunker ein, die Verfolgung und Unterdrückung durch die Nationalsozialisten** in der Stadt Emden sowie die Nachkriegszeit mit der Phase des Wiederaufbaus in den 1950er-Jahren.

Bunkermuseum Emden

Arbeitskreis Bunkermuseum e.V.
Holzsägerstraße 6
26721 Emden
Telefon: 04921 32225
www.bunkermuseum.de

Dieser der noch vorhandenen Bunker beherbergt eine Ausstellung

46

Kreisrundes Schleusenerlebnis

Kanalfahrten „MS Aurich"
Am Ratsdelft (Nähe Hafentor)
26721 Emden
Tel.: 04921 97400
www.emden-touristik.de

Das muss auch eine Schleuse erst einmal hinbekommen: gleich vier zusammentreffende Wasserstraßen verbinden. Zum Beispiel den Ems-Jade-Kanal, den Emder Stadtgraben, das Fehntjer Tief und das Rote Siel. Dies gelingt der kreisrunden Kesselschleuse im Emdener Stadtteil Wolthusen. Das 1886 errichtete Bauwerk gilt als einzigartig in Europa. **Die unter Denkmalschutz stehende Rundkammerschleuse ist noch heute täglich in Betrieb.** Der Schleusenvorgang lässt sich vom Ufer aus verfolgen oder – besser noch – an Bord eines Schiffes. Möglich ist das bei Kanalfahrten von Emden nach Aurich.

Von oben betrachtet, offenbart sich die Symmetrie der Schleuse

Ostfriesland im Miniformat

47

Einen besonderen Blick auf Ostfriesland und seine Sehenswürdigkeiten bietet das Leeraner Miniaturland. In der zweitgrößten Modellanlage Deutschlands (nach Hamburg) wurde **die Region im Maßstab 1:87 nachgebaut – mitsamt den Ostfriesischen Inseln,** dem Emsland und den angrenzenden Niederlanden. Außer fahrenden Zügen und Autos ist zum Beispiel die Überführung eines Kreuzfahrtschiffes aus der Meyer-Werft zu sehen. An mehr als 100 Stationen können Besucher die Szenarien selbst in Bewegung bringen. Im Außenbereich mit Parklandschaft lässt sich eine große Garteneisenbahn selbst steuern und rangieren.

Leeraner Miniaturland

Konrad-Zuse-Straße 1
26789 Leer
Tel. 0491 4541540
www.leeraner-miniaturland.de
www.touristik-leer.de

Auch der Leuchtturm von Pilsum fehlt im Leeraner Miniaturland nicht

48

Garant für häufige Schrammen im Lack

Ledabrücke
Trappenweg
26847 Detern/
Amdorf

Es soll Fahrkünstler aus der Region gegeben haben, die gegen die Stahlbogen fuhren und vor der Polizei behaupteten, noch nie von dieser Brücke gehört zu haben, auch nicht während der Fahrschulzeit. Die Ausrede zählt nicht, denn die Gemeinde hat es mit sämtlichen Fahrschulen abgemacht: Einmal während des Unterrichts müssen alle darüberfahren. Wie so oft nämlich, ist in Ostfriesland alles anders. Hier gibt es eine Brücke, die es nicht geben dürfte. Ihre von Stahlfachwerk begrenzte **Fahrspur ist gerade einmal 1,98 Meter breit, also ist es die schmalste Autobrücke Deutschlands**. Wie Radio Bremen berichtete, ist für viele daher hier die Fahrt zu Ende.

Doch, viele Kfz passen durch – etwas Mut braucht es dafür allerdings

Wo die Puppen lebendig werden

49

Im Ortsteil Hengstforde der Gemeinde Apen fällt eine ungewöhnliche Fassade ins Auge. Zwei freundliche rote Männchen leuchten da auf dem weißen Gemäuer. Sie begrüßen sozusagen die Gäste des Männeken-Theaters. Die kleine Bühne an der Hauptstraße zwischen Apen und Augustfehn **präsentiert seinem Publikum seit mehr als 25 Jahren ein Figurentheater, wie man es nur noch selten findet**. Trägerin Anne Sudbrack, seit 1985 Puppenspielerin und in den Anfangsjahren als Tourneetheater unterwegs, zog 1991 nach Augustfehn und startete hier mit ANNEs BÜHNE ihre Solokarriere.

Männeken Theater & ANNEs BÜHNE

Hauptstraße 377
26689 Apen-Hengstforde
Tel. 04489 3194
www.maenneken-theater.de

Feinstes Figurentheater verbirgt sich in diesem freundlichen Haus

50 Ein Eiland im Binnenland

Fehnmuseum Eiland
Leerer Landstraße 59
26629 Westgroßefehn
www.fehnmuseumeiland.de
www.teestube-eiland.de

Die umliegende Niederung war im Winter regelmäßig überschwemmt. Nur eine aufgeschüttete Erhöhung ragte wie eine kleine Insel heraus. So kam das Grundstück zu seinem Namen. In dem Museum, das sich hier befindet, **wird die Geschichte der ältesten ostfriesischen Fehnsiedlung lebendig – des späteren Groote Veen (Großefehn)**. Hier schlossen sich Emder Kaufleute zur Gewinnung und Vermarktung von Torf zusammen. Nach einem Rundgang durch das Museum geht es in die heimelige Teestube, untergebracht im Wohnbereich des alten ostfriesischen Gulfhauses. In der „Upkamer" ist zu erkennen, wie man sich einst von der schweren Arbeit erholt hat.

Die Ausstellung berichtet über die Geschichte der Fehnsiedlung

Schräger noch als in Italien

51

Warum redet alle Welt von Pisa, aber kaum einer von Suurhusen? Dabei steht hier der schiefste Turm der Welt – und seit 2007 auch im Guinnessbuch der Rekorde. Der Turm der hiesigen Kirche hat nämlich bei einer Höhe von 27,37 Metern am Dachfirst einen Überhang von 2,47 Metern. Das entspricht einer Neigung von 5,19 Grad. **Damit gilt er als weltweit schiefstes der nicht absichtlich schief gebauten Gebäude.** Der Kirchturm wurde 1450 errichtet. Ein sinkender Grundwasserspiegel führte dazu, dass sein Fundament aus Eichenstämmen zu modern begann. 1885 bemerkte man erstmals, dass hier etwas in Schieflage geriet.

Schiefe Kirche in Suurhusen

Am schiefen Turm 39
26759 Hinte
www.suurhusen-marienwehr.reformiert.de

Gerade ist das nun wirklich nicht, erkennt auch der Laie

52 Original ostfriesische Fliesen

Die Fliesenmanufaktur GHJ
Armenlohne 11
26736 Krummhörn-Loquard
Tel. 04927 1323
www.fliesen-aus-friesland.de

Vor einigen Jahren stand Gudrun Hering in einem entkernten Haus in Emden vor einem Scherbenhaufen. Jahrhundertalte friesische Fliesen, Zeugen einer aussterbenden Wohn- und Lebenskultur, lagen dort. Sie waren, von den Wänden gehämmert und zerschlagen, als Füllmaterial für Fußböden verwendet worden. Empört beschloss die Ostfriesin, künftig selbst solche Fliesen zu produzieren, auch wenn sie damit völliges Neuland betreten würde. Sie probierte sich in diversen Handwerkstechniken. Später gründete sie mit ihrem Mann Rolf die Fliesenmanufaktur GHJ. **Dort werden die guten Stücke wie vor Jahrhunderten in reiner Handarbeit hergestellt und bemalt.**

Hier entstehen noch echte friesische Unikate

Eine unermüdliche Windmühle

53

Im Jahr 1527 schrieb Ostfriesenhäuptling Victor Frese sein Testament. Demnach vererbte er zwei „Winde Moelen, die eyne tho Ryszum, de ander tho Locwardt" an seine Nachfahren. Es sollte eine wechselvolle Geschichte einläuten: von Nachfolgebauten, zu denen eine Rossmühle, ein zweistöckiger und schließlich ein dreistöckiger Galerieholländer gehörten, von verlorenen Konzessionen, wechselnden Besitzern, einem vernichtenden Brand, Wiederaufbau und erneuter Stilllegung. **Und einer entschlossenen Dorfgemeinschaft, der es am Ende gelang, ein Schmuckstück wieder aufleben zu lassen.** Seit 1995 läuft sie wieder – regelmäßig gibt es Mahlvorführungen.

Rysumer Mühle
Mühlenlohne
26736 Krummhörn-Greetsiel
(Rysum)
Tel. 04927 424
www.krummhoern.de

Die Rysumer Mühle hat schon einiges erlebt

54 Schule Gottes mit 16 Stationen

Pilgerbüro
im Rathaus Ihlow
Alte Wieke 6
26632 Ihlow
Tel.: 04929 89102
www.ihlow.de
www.kirchenkreis-norden.de

„Schola Deï" („Schule Gottes") nennt sich der rund 40 Kilometer lange Pilgerweg, der von Ihlow über Marienhafe bis zur Stadt Norden führt. Größtenteils verläuft er auf einem historisch belegten Wallfahrtsweg. **Das Kloster Ihlow nahm im Mittelalter eine bedeutende Funktion in der regionalen Kultur und Politik ein.** Ruhige Wege führen dann vorbei an Kirchen und historischen Plätzen nach Marienhafe und schließlich nach Norden mit der Ludgerikirche (13. Jh.). Das größte mittelalterliche Gotteshaus Ostfrieslands ist für seine Arp-Schnitger-Orgel berühmt. Insgesamt umfasst der Pilgerweg 16 Stationen.

Startpunkt: das Kloster Ihlow mit der imaginierten Kirche

Verschwenderische Häuptlinge

55

Ab dem 15. Jahrhundert übernahmen Häuptlinge im östlichen Friesland das Regiment. Einer von ihnen war Hoyko Manninga. Seine Vorfahren hatten in Pewsum ab 1458 eine Wasserburg errichten lassen, die mehrfach umgestaltet und erweitert wurde. Dabei verschuldete sich die als verschwenderisch geltende Familie, sodass Hoyko im Jahre 1565 Burg und Herrlichkeit an Graf Edzard II. von Ostfriesland und seine Gemahlin Katharina von Schweden verkaufen musste. Sie ließen die Burg im niederländischen Renaissance-Stil umgestalten. **Heute berichtet die Manningaburg als Museum vom Häuptlingswesen und Burgenbau in Ostfriesland.**

Manningaburg
Drostenplatz
26736 Pewsum
Tel.: 04923 1828
und 1483
www.greetsiel.de

Die Wasserburg in Pewsum ist noch gut erhalten

56

Nordens drei friedliche Schwestern

Dree Süsters
Marktplatz
26506 Norden-Norddeich
www.norden.de

Wären sie lebendig und könnten laufen, so gingen sie wohl eingehakt, die Schultern dicht an dicht. So eng und vertraut wirken die Dree Süsters, Plattdeutsch für „Drei Schwestern". **Das Ensemble aus drei giebelständigen Backsteinbauten zählt zu den bekanntesten Sehenswürdigkeiten am Marktplatz von Norden.** Die linke Schwester steht dort seit 1570, die mittlere gesellte sich um 1630 hinzu. Die rechte starb 1963 den Abrisstod, doch 1991 kam ihre Nachfolgerin, die ihr wie aus dem Gesicht geschnitten ist. Nun sind die Schwestern wieder vereint. Es heißt, sie hätten sich immer bestens vertragen.

So einträchtig sieht man Geschwister nicht immer miteinander

Ein hoher Preis für das Friesensalz

57

Weit ist die Wattfläche vor dem Strand von Norden-Norddeich, wenn sich das Meer zurückgezogen hat. Viele ahnen nicht, dass sich hier einmal eine kleine Ansiedlung mit Hafen befand: **Itzendorf brachte es als Zentrum der Torfsalzgewinnung zu Wohlstand.** Aus der Asche des Torfs gewann man das dunkelgraue „Friesensalz". Doch durch den Abbau senkte sich das Land und war den Naturgewalten stärker ausgesetzt. So konnte 1717 eine Sturmflut das Dorf vernichten. fast alle Bewohner kamen um. Geblieben ist die „Itzendorfer Plate", eine große Sandbank zwischen Norddeich und Juist, zu der Wattführer Heiko Kampen begleitet.

Itzendorfer Plate

26506 Norden-Norddeich
www.heiko-campen.de
www.norddeich.de

Manch eine Sandbank im Watt erlebte schon ungeahnte Geschichten

58 „Wältmeisterschaften" im Watt

Schlickschlittenrennen in Greetsiel
www.schlickschlittenrennen.de

Ursprünglich war es eine ostfriesische Tradition von Fischern: Auf ihren Schlickschlitten schlidderten sie zu den Stellnetzen draußen im Watt, um die Fisch-Reusen zu leeren. Seit 1983 bietet sich alljährlich ein ähnliches Bild am Deich vor Upleward, nur mit etwas bunteren Menschen. Bei den Schlickschlittenrennen-„Wältmeisterschaften" und ostfriesischen Wattspielen gewinnt heute die schnellste und am besten kostümierte Mannschaft. **Das Motto lautet „schmutziger Sport für eine saubere Sache"**, denn die Erlöse kommen der Niedersächsischen Krebsgesellschaft, dem Elternverein krebskranker Kinder in Ostfriesland und dem Verein Leukin zugute.

Das Schlickschlittenrennen vor Upleward ist schon legendär

Kulttreff in Norden-Norddeich

59

Es begann in den 1960er Jahren mit einer Jukebox, bald traten Bands aus London auf. Auch Otto Waalkes stand hier auf der Bühne und interpretierte Hits von den Beatles. **Als anstelle von Live-Clubs zunehmend Diskotheken angesagt waren, legte Otto hier als DJ auf.** Der Musikschuppen von Meta in Norddeich, hervorgegangen aus dem Lokal „Haus Waterkant", das ihre Eltern kauften, ist noch immer Kult. Meta erlag im September 1994 ihrem Krebsleiden. Sie wurde 59 Jahre alt. Ihr Sohn Sven sorgt dafür, dass das Haus Waterkant weiterhin voller Leben ist, zum Beispiel bei der legendären Landjugend Revival Party.

Metas Musikschuppen
Deichstraße 10
26506 Norden
www.metas-musikschuppen.de

Er hat schon jede Menge erlebt und es dürfte noch einiges folgen

60 Der singende Wattführer von Borkum

Watt'n Konzert
www.borkumer-kleinbahn.de/watt wandern/wattn-konzert

Albertus Akkermann ist Musiker mit Leidenschaft und fühlt sich dem Wattenmeer verbunden. Auf dem „Schifferklavier" spielt er traditionelle Küstenlieder, steht dabei auch mit seiner Band „Triangel" auf der Bühne. Als Wattführer bringt er Interessierten die Fauna und Flora des Wattenmeeres rund um die Insel Borkum näher. Vor einigen Jahren hatte das Borkumer Original dann eine Idee: Das ließe sich doch beides wunderbar verbinden! **Seither gibt es Jahr für Jahr das „Watt'n Konzert" auf Borkum, musikalische Ausflüge mit dem singenden Wattführer**, der jeden Krebs erkennt und immer die passenden Töne trifft.

Albertus Akkermann erklärt auf seinen Wattführungen auch einiges

Ab ins Dünenbudje

61

Am Nordstrand, dem FKK-Badestrand von Borkum, versteckt sich ein besonderes Beachlokal in den Sandhügeln. **Das „Dünenbudje" liegt landschaftlich überaus idyllisch und hat ein verwinkeltes Außengelände** mit lauschigen Sitzplätzen im Grünen. Auf der Karte stehen inseltypische Gerichte wie Matjes auf Schwarzbrot, Dicke Milch und Fischbrötchen, genauso aber auch das, was viele am Strand erwarten, also Snacks wie Riesen-Hotdogs. Auch Bio-Sanddornprodukte bekommt man hier und hausgemachte Kuchen. Und auch an alles andere wurde gedacht: Spielplatz, Hundebar, Lesezirkel und Gesellschaftsspiele.

Dünenbudje Borkum
Ostfriesenstraße
26757 Borkum
Tel. 04922 932630
www.duenenbudje-borkum.de

Das Strandlokal liegt idyllisch im Schutz der Dünen

62 Der Walkinnladenzaun von Käpt'n Meyer

Borkum
www.borkum.de

Auf den ersten Blick sieht der Zaun in der Wilhelm-Bakker-Straße auf Borkum so aus, als bestünde er aus Treibholzplanken verunglückter Schiffe. Doch es sind rund 100 Kinnladen von Walen, die hier nebeneinander aufgereiht in der Erde stecken. Hier befand sich einst das Haus des Walfangkommandeurs Gerritz Meyer, **ein Gedenkstein erinnert daran**. Er lebte im 18. Jahrhundert zur Blütezeit des Walfangs, von Gedanken wie Artensterben war man noch weit entfernt, vielmehr sicherte der Walfang etliche Lebensgrundlagen. Die Kinnladen lieferten den Reedern Knochenöl für die Feinmechanik, für die Kommandeure waren sie wohl Trophäen, die vom Fangerfolg zeugten.

Der unscheinbar wirkende Zaun besteht aus großen Walknochen

Ein etwas eigensinniger Leuchtturm

63

Ein Leuchtturm schickt sein Lichtsignal über das Meer. So machen es zumindest viele Leuchttürme. Aber auf Juist macht's einer anders: Das Memmertfeuer steht im Hafen und blitzt bei Dunkelheit im 13-Sekunden-Takt auf. Jedoch hat es sich dem Wasser abgewandt, schickt seinen Schein über die Insel. Denn dies ist kein offizielles Seezeichen und darf somit nicht über das Wattenmeer leuchten. **Es handelt sich um einen alten Leuchtturm, der einst in den Dünen der kleinen Nachbarinsel Meemert stand** und 1986 stillgelegt wurde. Eine Interessengemeinschaft setzte sich dafür ein, dass er auf Juist zur Zierde scheinen darf.

Leuchtturm Memmert
Hafenstraße
26571 Juist
www.juist.de

Um die Schifffahrt nicht zu irritieren, steht er eben anders herum

64 Am Dree Water Uitkiek

Juist
www.juist.de

Auf Juist befindet sich der größte Süßwassersee der Ostfriesischen Inseln: Der Hammersee liegt ungefähr drei Kilometer westlich der Ortschaft Juist. Er bildete sich im Jahr 1932, weil ein Deich vor der Hammerbucht errichtet worden war. Ein grandioser Blick über alle drei Gewässer – den Hammersee sowie die Nordsee und das Wattenmeer – bietet sich von der Aussichtsplattform „Dree Water Uitkiek". Sie ist über einen Wanderweg zu erreichen. **Und noch andere Gewässer machen auf Juist von sich reden: Die Goldfischteiche** des Wissenschaftlers Dr. Otto Leege. Er verschrieb sich der Tier- und Pflanzenwelt der Insel und ebnete den Weg zum heutigen Naturschutzgebiet.

Süßwasser mitten im Wattenmeer: Am Hammersee auf Juist

Bei Glockenläuten lokale Nachrichten

65

Bernd Krüger ist der meistfotografierte Mann auf Norderney. Und er wird wohl auch am häufigsten angesprochen. Wo der nächste Briefkasten ist oder der kürzeste Weg zum Strand führt, er kennt die Antwort. Wenn seine Messingglocke läutet, weiß jeder, dass es Neuigkeiten gibt: den aktuellen Wetterbericht, lokale Nachrichten oder Veranstaltungstipps. Denn: **Der Mann mit der roten Uniformmütze vertritt die Zunft der Ausrufer.** Auch in einigen anderen kleinen Orten hat sich der Beruf gehalten. Die besten treten alljährlich bei der Weltmeisterschaft der Ausrufer in Neustadtgödens im Landkreis Friesland an.

Norderney
www.deutsche-ausrufergilde.de
www.norderney.de

Auf die rote Mütze sollte man hier achten, um Neues zu erfahren

66 Die Baltrumer Zigarrenkiste

Museum Altes Zollhaus
Westdorf 18
26579 Baltrum
Tel.: 04939 910631
www.baltrum.org

„Liebe Eltern, Gebrüder und Schwestern, ich stehe hier auf einer Plat und muss ertrinken, ich bekomme euch nicht wieder zu sehen und ihr mich nicht." So lauten die ersten Zeilen, die Tjark Ulrich Honken Evers zum Abschied schrieb. Er notierte sie in ein Notizbuch, steckte es in eine Zigarrenkiste und übergab diese dem Meer. **Der junge Seemann wollte am 23. Dezember 1866 seine Eltern auf Baltrum besuchen.** Im Nebel ließ er sich auf der vermeintlichen Insel absetzen. Es war jedoch nur eine Sandbank, auf der ihn die Flut überraschte. Die Zigarrenkiste samt Notizbuch wurde gefunden; Evers Leichnam nie.

Erinnert an den verheerenden Vorfall: das Tjark Evers-Denkmal

Spazierend Ebbe und Flut verstehen

67

Die Insel Baltrum hat ihren Namen daher, dass man hier „bald rum“ ist, heißt es. Mit einer Fläche von 6,5 Quadratkilometern ist sie die kleinste der sieben bewohnten Ostfriesischen Inseln. Wer die wohl schönste Möglichkeit nutzt, sie zu erkunden, wird es anders sehen. So erlebnisreich und informativ ist der Gezeitenpfad mit seinen 17 Stationen und 36 Infotafeln zu den Gezeiten, der Inselgeschichte, Küsten- und Naturschutz und mehr. **Der sieben Kilometer lange Rundweg führt einmal über die westliche Hälfte der Insel.** Auch wenn er in zwei Stunden zu schaffen ist, kann man sich viel länger damit beschäftigen.

Gezeitenpfad Baltrum

Start: Hafen Baltrum
Ziel: Nationalpark-Haus Baltrum
www.nationalpark haus-wattenmeer.de/nationalpark-haus-baltrum

Auch am Hafen von Baltrum führt der Gezeitenpfad vorbei

68 Gotteshaus mit friesischem Dach

Katholische Kirche St. Nikolaus
Westdorf 243
26579 Baltrum

Sie trägt ein Reetdach und wirkt daher nostalgisch wie uralte Fachwerkhäuser. Doch der Backsteinbau wurde erst 1957 errichtet. Die Rede ist von der katholischen Kirche St. Nikolaus im Westdorf auf Baltrum – per se ein Unikat im evangelisch dominierten Norden. So gibt es auf der winzigen ostfriesischen Insel auch noch zwei Kirchen dieser Konfession. Eine davon ist die Alte Inselkirche von 1826, die gern mal mit der Reetdachkirche verwechselt wird, weil sie eben schon deutlich älter ist. Die Kirche St. Nikolaus ist eine Außenstelle der katholischen Kirchengemeinde St. Ludgerus in Norden. Es predigen in ihr hauptsächlich Gastpriester, die hier ihre Ferien verbringen.

In zweifacher Hinsicht ungewöhnlich ist das Gotteshaus im Westdorf

Auf den Spuren von Lale Andersen

69

Auf dem Dünenfriedhof von Langeoog fand Lale Andersen (1905–1972) ihre letzte Ruhe, **jene Chansonsängerin, die durch das Soldatenlied „Lili Marleen" berühmt wurde**. Ihr und der Interpretin, die es 1939 zum Welterfolg machte, wurde auch ein Denkmal nahe dem Wasserturm von Langeoog gesetzt. Es zeigt das besungene Mädchen an der Laterne lehnend. Im Heimatmuseum „Seemannshus" nimmt einen großen Teil eine Ausstellung zu der Sängerin ein, die lange auf der Insel lebte. Auch viele Briefdokumente aus ihrem Nachlass sind dort zu sehen.

Dünenfriedhof

Gerk sin Spoor 8 A
26465 Langeoog

Heimatmuseum „Seemannshus"

Caspar-Döring-Pad 3
26465 Langeoog
Tel.: 04972 861

Abends ist das Denkmal mit der Laterne besonders stimmungsvoll

70 Eine Insel aus Legosteinen

Schifffahrtsmuseum/ Mini-Langeoog
Kurstraße 1
26465 Langeoog
Tel. 04972 693211
www.langeoog.de

Sehenswert ist auf Langeoog das Schifffahrtsmuseum in der Kurstraße. Es zeigt Schiffsmodelle wie die „Gorch Fock", historische Plakate und alte Seekarten, Geschirr und andere teure Mitbringsel von Seereisen, Strandgut und andere Fundstücke. **Für die jüngsten Besucher gibt es eine Lego-Ausstellung, die Langeoog im Miniaturformat darstellt.** Sogar die Fähre, die die Insel mit dem Festland verbindet, wurde aus vielen kleinen Steinchen gefertigt. Die Daueraustellung „Müll im Meer" indes bringt Besuchern auf unkonventionelle Weise die Folgen der zunehmenden Verschmutzung der Nordsee näher.

Dieser besondere Blick auf Langeoog gefällt auch Erwachsenen

Klänge unter dem Wasserturm

71

Im Dünental zwischen Wasserturm und Hauptbad ertönen auf Langeoog ungewöhnliche Klänge. **Hunderte von Gästen machen beim abendlichen Dünensingen mit.** Jeden Dienstag (April bis Mitte Oktober) stimmt Herbert Burmester mit dem Akkordeon Melodien aus dem „Langeooger Liederbuch" an. Das Liederbuch ist für 1,50 Euro zu bekommen – zugunsten der Stiftung „Musik auf Langeoog". Auch der Wasserturm verdient es übrigens beachtet zu werden. Von hier bietet sich eine Aussicht über die Ortschaft und den westlichen Teil der Insel. Der schmucke weiße Turm mit roten Klinkerelementen, errichtet 1909, ist das Wahrzeichen der Insel.

Treffpunkt Dünensingen
Im Dünental zwischen Wasserturm und Hauptbad
26465 Langeoog

Die Insel bietet einiges an musikalischen Genüssen – auch indoor

72 Formationen und Solomusiker

Touristinformation im Haus Kogge
Noorderpad 25
26474 Spiekeroog
Tel. 04976 9193101
www.spiekeroog.de

Jeden Sommer gibt sich auf Spiekeroog die internationale Jazz-Szene ein Stelldichein. Formationen und Solomusiker reisen an, die zu den gefragtesten Interpreten ihres Genres gehören. Das Internationale Jazzfestival läuft an einigen Tagen im August. **Es kommen verschiedenste Ensembles von Swing, Jazz, Blues und Boogie Woogie zusammen.** Auf dem Programm stehen Events von früh bis spät, etwa ein Jazzbrunch, Jazz ton Upwarmen, Jazz im Watt, oder Jazz in d'Dörp (Jazz im Dorf). Karten gibt es im Vorverkauf im Onlineshop. Sie sich vorher zu sichern, macht Sinn – einige Veranstaltungen sind oft schon früh ausverkauft.

Auch das malerische Dorf von Spiekeroog ist Schauplatz des Festivals

Ein Muschelmuseum der anderen Art

73

Einmal etwas ganz anderes ist das Kuriose Muschelmuseum im Haus Kogge auf Spiekeroog. Die ausgestellten Muscheln verschiedenster Art werden **hier auf kreative Weise präsentiert, etwa als „Stickmuster" oder „Zugmotor".** Damit möchte der Eigentümer auf die Vielfalt der Formen, Farben oder Muster der Schalentiere aufmerksam machen. Die mehr als 3.000 Muscheln und Schneckenhäuser werden nicht mit ihren lateinischen oder übersetzten deutschen Namen ausgestellt, sondern sind auch in verschiedenen Formationen zu erleben, so dass einige Muscheln das Parlament bilden, andere wiederum Fußspuren.

Kurioses Muschelmuseum
Noorderpad 25
26474 Spiekeroog
Tel. 04976 9193101
www.spiekeroog.de

Muscheln im Watt: Kreativ ist auch die friesische Natur selbst

74 Redewendung statt Süßspeise

Café Pudding
Zedeliusstraße 49
26486 Wangerooge
Tel. 04469 220
www.cafe-pudding.com

Ein besonderer Bau thront auf einem Dünenhügel an der Strandpromenade von Wangerooge: das kreisrunde „Café Pudding". Der Name hängt jedoch nicht, wie man meinen könnte, mit dieser Form oder einer dort angebotenen Speise zusammen. Vielmehr liegt es an einer regionalen Redewendung. So sagen die Menschen rund um Oldenburg und Bremen gern mal „Ich geh' um den Pudding", wenn sie einen Spaziergang um den Häuserblock machen möchten. **Bei dem Gebäude handelt sich um einen ehemaligen Bunker aus dem Zweiten Weltkrieg.** Nach Kriegsende pachtete es Familie Folkerts und schuf einen herrlichen Platz zum Einkehren mit Weitblick.

Das Gebäude selbst erinnert auch ein wenig an einen Pudding

Prominenter Trabbi nahe dem Deich

75

Wo sich zur einen Seite das flache Land weitet und auf der anderen das Meer beginnt, scheinen vier Autos wie ein halboffener Ring in der Luft zu schweben. Sie bilden den Zugang zu einem Museum, das viele hier, mitten im Grünen bei Nesmersiel, kaum erwarten würden. **Es zeigt Oldtimer, Youngtimer, Autos, Motorräder, Mopeds, alte Reklame und Spielzeug aus dem letzten Jahrhundert**, darunter prominente Gefährte wie der himmelblaue Trabant „Schorsch" aus „Go Trabi Go", das Auto aus der TV-Serie „Der Bulle von Tölz", der Cadillac von Elton John, der SLC von Berti Vogts sowie diverse Renn- und Rallyefahrzeuge.

Automobil- und Spielzeugmuseum Nordsee

Ostermarscher Straße 29
26506 Norden
Tel.: 04931 9187911
www.automuseum-nordsee.de

Schon der Eingang macht Laune auf die besondere Ausstellung

76 Spezialisiert auf die Kraft der Nordsee

bade:haus norderney
Am Kurplatz 2
26548 Norderney
Tel.: 04932 8910
www.badehaus-norderney.de

Kur- und Wellness-Center Langeoog
Kurstraße 2
26465 Langeoog
Tel.: 04972 693215
www.nordseespa.de

Schon beim tiefen Durchatmen ist sie spürbar und bei der Thalassotherapie umso mehr. Der Begriff kommt vom griechischen Wort „thalassa", das Meer. Er steht hier für gesundheitsfördernde Anwendungen, etwa mit Meerwasser und Meersalz, Algen oder Sand. Spaziergänge oder sportliche Aktivitäten am Meer ergänzen die Therapie. **Norderney und Langeoog waren die ersten zertifizierten Thalasso-Standorte Deutschlands.** Inzwischen erhielten auch Borkum, Juist, Wangerooge und Neuharlingersiel diese Auszeichnung. Auch in Schleswig-Holstein haben sich viele Kureinrichtungen und Wellness-Oasen auf Thalasso spezialisiert.

Kureinrichtungen wie diese auf Norderney bieten Anwendungen an

Dat Lüttje Huus ant Diek

77

Hinter den Deich von Nesmersiel duckt sich das kleine Heimatmuseum, untergebracht in einem ehemaligen Landarbeiterhaus. **Auf humorvolle und fachkundige Weise gewährt dort Familie Hagel vielfältige und auch mal kuriose Einblicke** in die ländliche Lebens- und Arbeitswelt der Landarbeiter in Ostfriesland zu früheren Zeiten. Die nachgestellten Räume zeigen unter anderem einen typischen Wohnraum und einen Schlafraum – die sogenannte „Butze". Außerdem gehören zum Museum ein Stall und ein Kolonialwarenladen. Im Freigelände erinnern landwirtschaftliche Geräte und Fahrzeuge an die harte Arbeit mit Pflug und Pferd.

Lüttje Huus ant Diek
Osterdeicher Weg 11
26553 Dornumerland (Neßmergrode)
Te . 04933 1748
www.dornum.de

Unscheinbar und doch reich an Innenleben ist das Heimatmuseum

78 Unglaublich schnelle Rundballen

Strohballen-Rollmeisterschaft
auf der Drachenwiese Dornumersiel
www.dornum.de

So einfach ist es keineswegs, einen Strohballen den Deich hochzurollen. Denn wohlgemerkt, hier geht es nicht um kleine Pakete aus getrockneten Halmen, sondern um mannshohe Gebilde in Zylinderform, die sogenannten Rundballen. Aus gutem Grund also ist das „Deichhochrollen" die Königsdisziplin bei den alljährlichen Strohballen-Rollmeisterschaften in Dornumersiel. Für die teilnehmenden Mannschaften geht es darum, **einen Rundballen über drei verschiedene Wettkampfstrecken auf der Drachenwiese zu befördern**. Dabei sind als weitere Disziplinen noch die „Gerade Strecke" und der „Slalom-Parcours" zu bewältigen.

Auch der Slalom-Parcours verlangt den Teilnehmern einiges ab

Auf Minuten komprimierte Gezeiten

79

Ebbe und Flut dauern an der Nordseeküste zusammen ungefähr zwölf Stunden. Im ostfriesischen Bensersiel hat man kurzerhand zwölf Minuten daraus gemacht. So brauchen die Gäste im Wattenhuus nicht den halben Tag, um sich das Naturschauspiel anzusehen, und komprimiert wird der Effekt noch anschaulicher. **Möglich macht es der Gezeiten-Simulator, der den Zyklus der Meeresbewegung nachstellt.** In dem Glasbecken sind dabei die vertikalen Wohnräume der Bodenbewohner einmal von der Seite her zu beobachten. Die in einem Reetdachhaus untergebrachte interaktive Ausstellung verrät noch mehr Lebensräume des Wattenmeeres.

Wattenhuus Bensersiel
Seestraße 1
26427 Bensersiel
Tel.: 04971 5848
www.bensersiel.de

Das Wattenhuus birgt einen Simulator der besonderen Art

80 In der Werkstatt von Hansi Tick-Tack

Museum Leben am Meer
Bensersieler Straße 1
26427 Esens
Tel.: 04971 4003
www.leben-am-meer.de

Diesen Mann gab es wirklich. Er hieß eigentlich Johannes Janssen und war **Uhrmachermeister in Esens, ein Original, den jeder Hansi Tick-Tack nannte**. Seinen Nachlass vererbte er dem Heimatverein Esens e.V. Dieser wiederum hatte bereits einige Jahre zuvor in der Peldemühle das Museum „Leben am Meer" eingerichtet, das im Dezember 1989 eingeweiht wurde. Dort ist nun Hansis Uhrmacherwerkstatt zu besichtigen und noch vieles andere zur Entwicklung der Küstenlandschaft und der Besiedlung des Harlingerlandes, etwa ein historisches Fliesenzimmer. Weitere Räume beherbergen die Kunstgalerie der Stadt Esens.

Die Peldemühle ist auch schon von außen sehenswert

Weitblicke bei den Glocken

81

Der Name Magnus passt hier auch in anderer Hinsicht. Es ist die größte Kirche Ostfrieslands, die sich auf einer kleiner Warft in der Altstadt von Esens erhebt. Entsprechend lohnt es sich, einmal von ihrem Turm herunter zu schauen. **Der weite Ausblick bei den Glocken reicht bis zu den ostfriesischen Inseln.** Im Inneren des Turms informiert auf fünf Etagen ein Museum über die Baugeschichte der ab 1848 errichteten Kirche und ihr Inventar. Hundertdreizehn Stufen führen hinauf zur Aussichtsebene, vorbei am mechanischen Kirchturmuhrwerk von 1873, einem hölzernem Kutschen-Leichenwagen aus dem Jahr 1930 und riesigen Orgelpfeifen.

Turm-Museum St. Magnus
Am Kirchplatz 5–7
26427 Esens/
Nordsee
Tel. 04971 919712
www.turmmuseum-esens.de

Im Inneren des Kirchturms ist ein Museum untergebracht

82 Zu Gast beim Göttinger Minischwein

Haustierpark Werdum
Gastriege 35
26427 Werdum
Tel.: 04974 990099
www.haustierpark-werdum.de

Wer kennt heute zum Beispiel noch Mangalitza-Wollschwein, Pfauenziege, Göttinger Minischwein oder Kamerunschaf? Die Vielfalt von Nutztierarten wie diesen hat sich in den letzten hundert Jahren teils erheblich verringert. In Werdun möchte man einen Beitrag zum Erhalt dieser ursprünglichen Arten leisten. Seltene und vom Aussterben bedrohte Haustierrassen aus aller Welt haben im Haustierpark Werdum ein Zuhause gefunden und dürfen dort besucht werden. **Tafeln informieren über die Tierarten**, ihre Herkunftsländer und die Produkte, für die diese Nutztiere stehen. Zum Park gehört auch ein Kräutergarten mit Bauerngarten- und Medizinalpflanzen.

In Werdun sind Begegnungen der ursprünglichen Art möglich

Der Pegelstand in der Bärenstadt

83

Wer wissen möchte, wie gerade der Wasserstand am Strand von Bensersiel ist, kann sich genauso landeinwärts in den Schwesterort Esens begeben. Dort nämlich steht am Marktplatz der Tidebrunnen, der den Pegelstand anzeigt. **Eine Elektronik stellt das Wasser im Brunnen immer auf die Höhe ein, die Ebbe oder Flut gerade bewirken.** Den Brunnen ziert eine Metallplastik von Albert Sous – ein zerbrochenes Wrack, dem Spiel der Gezeiten ausgeliefert. Und übrigens: In Esens ist der Bär los. Eine Legende brachte das Tier ins Stadtwappen. Rund fünfzig Mal soll es als Denkmal oder in anderer Form hier aufgestellt sein.

Tidebrunnen
Marktplatz
26427 Esens
www.esens.de

Ebbe und Flut auf dem Marktplatz von Esens

84 Ein Kutterhafen zum Anfreunden

Kutterhafen Neuharlingersiel
Am Hafen
26427 Neuharlingersiel
www.hafenfreunde-neuharlingersiel.de

Was es bedeutet, wenn ein Hafen viele Freunde hat, zeigt sich in Neuharlingersiel. Fischer flicken ihre Netze, pflegen das Fanggeschirr oder machen ihr Boot flott. Krabbenkutter tuckern; und sonntags singen Shanty-Chöre. Hier lebt die Seemannskultur. **Der schmucke Kutterhafen mit den bunten Booten ist das historische Herz des Fischerdorfes**, das vor gut 300 Jahren erstmals urkundlich erwähnt wurde. Die Hafenfreunde – Vermieter und Fischer aus Neuharlingersiel, weitere Ostfriesen aus anderen Regionen und Gäste aus der ganzen Republik – kümmern sich als eingetragener Verein darum, dass es so bleibt.

In Neuharlingersiel pflegt man die Seefahrerkultur

Das Flaggschiff von Admiral Nelson

85

Am Kutterhafen von Neuharlingersiel verbergen sich noch ganze Flotten weiterer Schiffe. Darunter Berühmtheiten wie die HMS „Victory", das Flaggschiff von Admiral Nelson, und die sinkende „Titanic". Auch Unerwartetes wie ein Einbaum und ein Atom-U-Boot. **Diese und noch viele andere Schiffe stecken in den Glasflaschen des Buddelschiffmuseums.** Mehr als 100 sind es insgesamt, Modelle in allen Größen, die den Weg in Flaschen von 0,7 bis 60 Liter schafften. Wie dies funktioniert, ist immer wieder ein Geheimnis, das hier gern gelüftet wird. Bauzeichnungen, seltene Fotos und Kapitänsbilder ergänzen die Ausstellung.

Buddelschiff-museum Neuharlingersiel
Am Hafen West-seite 7
26427 Neuharlinger-siel
Tel.: 04974 224
www.buddelschiffmuseum.de

Das Flaggschiff, hier im Original, fand Platz in einer Flasche

86 Ein Fest für Plattbodensegler

WattenSail
26409 Carolinensiel
Tel.: 04464 86930
www.dshm.de
www.carolinensiel.de

Es hatte farbenfrohe Folgen, dass die Straßenbrücke an der Friedrichsschleuse in Carolinensiel zur Klappbrücke umgebaut wurde. Nun endlich konnten Traditionssegler den damals noch neuen Museumshafen mit stehendem Mast anlaufen. Grund genug, ein Hafenfest einzuführen, dass sich seitdem jährlich wiederholt: **Am zweiten Augustwochenende steigt die WattenSail mit einer bunten Parade als Höhepunkt.** Nach unten indes benötigen die friesischen Plattbodenschiffe nur wenig Raum und können auch bei Niedrigwasser noch weite Teile der Wattenmeere befahren oder eben mal gemütlich im Nordseewatt trockenfallen.

Zur Wattensail putzt sich Carolinensiel ganz besonders heraus

Das heimatlose Teesiebmuseum

87

Ute Karola Krause standen die Tränen in den Augen, als sie das Hinterzimmer des Sillensteder Dorfkrugs betrat. Ein Brand hatte das Gebäude ruiniert und damit auch ihr Teesiebmuseum, das hier untergebracht war. Zwar ließen sich die meisten Stücke retten, nicht aber Raum und Mobiliar. Eine touristische Attraktion ging verloren. Ein kleiner Teil der über 3.000 Exponate aus aller Welt ab 1820 ist im Restaurant „Leuchtfeuer" in Horumersiel ausgestellt. **Hier führt Ute Karola Krause interessierte Gäste bei einer friesischen Teetied in die Teekultur ein.** Für ein neues Teesiebmuseum sucht sie noch Räumlichkeiten.

Restaurant Leuchtfeuer

Pommernweg 1
26434 Horumersiel
www.leuchtfeuer-horumersiel.de
Termine für die Teeseminare auf www.wangerland.de

Uta Carola Krause und die Ausstellung im ursprünglichen Raum

88 Kolonistenhaus und Konsorten

Torf- und Siedlungsmuseum
Resedaweg 18
26639 Wiesmoor
Tel.: 04944 912253
www.torf-und-siedlungsmuseum.de

Nahe des Landschaftsparks Wiesmoor steht das Torf- und Siedlungsmuseum. Beim Besuch des Museums können Sie sowohl einen Einblick in die Vergangenheit wie auch den besonderen Charme dieses „erlebbaren" Museums genießen. Neben dem Kolonistenhaus, einer Schmiede, dem Backhaus oder einer alten Dorfschule gibt es dort das historische Friesenzimmer („Freesenruum") – **hier wird das Mobiliar eines Dorfschullehrers aus den 1930er Jahren ausgestellt.** Seit 1998 finden hier auch Eheschließungen statt. Bei Bedarf kann die komplette Hochzeitsgesellschaft mit der Lorenbahn von der Blumenhalle bis zum Museum fahren.

Lebendige Vergangenheit: Das Torf- und Siedlungsmuseum Wiesmoor

Reifeprüfung für Friesenkenner

89

Welcher Nicht-Ostfriese weiß schon, dass man beim „Bessensmieten" einen Strauchbesen wirft und wie genau es funktioniert? Auch hat schon manch einer die hochprozentige „Bohnensopp" mit einem Eintopf verwechselt. Selbst für viele Einheimische sind Disziplinen wie Padstockspringen oder Boßeln immer wieder eine Herausforderung. **Deswegen hat die Stadt Wittmund bereits 1978 das Original Ostfriesen-Abitur eingeführt**, unterstützt von Kuh „Elsa" – einem treuen Holzmodell mit Gummieuter, das zuverlässig H-Milch liefert. Denn auch Fächer wie Melken, Krabbenpulen und Plattdeutsch gehören natürlich zu dieser Prüfung.

Tourist-Information Wittmund
Am Markt 15
Tel.: 04462 983150
26409 Wittmund
www.wittmund-tourismus.de

Elsa lässt sich gern melken – Wer es schafft, sammelt Punkte

90 Als Herr v. Zeppelin nach Wittmund kam

Robert von Zeppelin- und Fliegermuseum

Drostenstraße 13
26409 Wittmund
www.wittmund-tourismus.de

Er lebt im US-Bundesstaat Georgia und betreibt in Amerika ein Museum für Luftfahrt und Militärhistorie: Robert von Zeppelin, Großneffe des legendären Grafen, der das Luftschiff erfand. **Im Juni 2015 besuchte er Wittmund, um ein nach ihm benanntes Museum zu eröffnen.** Die Geschichte der ostfriesischen Stadt ist eng mit der Fliegerei verbunden. Der nahe gelegene Militärflugplatz „Fliegerhorst Wittmundhafen" besteht seit 1916. So ließ es sich der Nachfahre Graf Ferdinand von Zeppelins nicht nehmen, dem Museum einige Stücke aus seiner Sammlung zu überlassen und persönlich zur Eröffnungsfeier zu erscheinen.

Der berühmte Graf vermachte dem Museum einige Stücke

Weiße Muster auf Indigoblau

91

Gummiarabikum, Tabakspfeifenerde, Krötenblut, Augen eines Basilisken, zusammengerührt an einem Kreuzweg um Mitternacht – wer Georg Stark nach der Zusammensetzung seines „Papp" fragt, bekommt augenzwinkernde Antworten wie diese. Die wahre Rezeptur verrät er natürlich nicht. Der Papp ist eine Masse, die den Stoff im Farbbad an den Stellen bedeckt, die weiß bleiben sollen. **1985 begann Georg Stark, ein altes friesisches Handwerk wiederaufleben zu lassen.** Seitdem betreibt er die Blaudruckerei in Jever. Besucher können ihm bei der Herstellung der schmucken Stoffe mit weißen Mustern auf indigoblauem Grund zusehen.

Blaudruckerei
Kattrepel 3
26441 Jever
Tel.: 04461 71388
www.blaudruckerei.de

Der Blaudruck ist eine alte friesische Handwerkskunst

92

Bei Ebbe: Ab in die Pfanne!

Die Seesterne
Die Gastgeber im Jeverland
Tel.: 04426 9903104
www.die-seesterne.de

Speisen im Einklang mit den Gezeiten, das gelingt zweimal jährlich im Wangerland. Hier wird die Scholle dort gebraten, wo sie herkommt: auf dem Meeresgrund. **Sobald sich die Nordsee zurückzieht, beginnen in Windeseile die Vorbereitungen.** Bierzeltbänke werden aufgestellt, Kochgerät und Zapfanlagen aufgebaut. Schon bald brutzeln die Schollen in der Pfanne, während die Köche mit den Füßen im Schlick stehen. Die Gäste genießen das Ergebnis mit Kartoffelsalat und einem kühlen Bier. Nur gilt es, rechtzeitig da zu sein, denn bevor das Wasser zurückkehrt, müssen Tische, Bänke, Töpfe und Pfannen wieder an Land sein.

Für die Zeit, in der das Meer zurückbleibt, darf gespeist werden

Die fabelhafte Welt der Weichtiere

93

Ganz viele Schnecken, die zusammen große Schnecken bilden. Eine Weltkarte aus Muscheln. Ein Querschnitt des Wattbodens, in den sich die hier vorkommenden Schalentiere eingegraben haben: Im alten Rathaus von Hooksiel wurde die Welt der Weichtiere auf kreative Weise arrangiert. **Das Muschelmuseum zeigt auch die größten und die kleinsten Muscheln und Schnecken der Erde.** Georg Hempfling begründete die Sammlung und stellte sie der Gemeinde zur Verfügung. Auch das Gebäude selbst verdient Beachtung: Auf dem Dach trägt es den Nachbau eines jahrhundertealten Zwiebelturms mit vergoldeter Wetterfahne und Luther-Schwan.

Muschelmuseum Hooksiel

Lange Straße 18
26434 Hooksiel
Tel.: 04425 1278
www.muschelmuseum-hooksiel.de

Kunstvoll arrangiert ist die Ausstellung im Muschelmuseum

94 Holzverarbeitung wie vor fast 100 Jahren

Gattersäge beim Forsthaus

Krongutsallee 54
26419 Schortens
(Upjever)
Tel: 04463 1577
www.gattersaege-upjever.de

Am Forsthaus von Schortens, im Ortsteil Upjever, ist eine Horizontalgattersäge zu bewundern. Mitten im Wald können Besucher hier eine Menge über die Ursprünge der industriellen Holzverarbeitung erfahren. Die ehrenamtlichen Sägemüller erklären gern die Gattersäge im Betrieb und veranschaulichen den langen Weg vom kleinen Baum zum fertigen Brett. **Regelmäßig findet das Schausägen statt (Termine siehe Homepage).** Rund 6.000 Stunden ehrenamtliche Arbeit hat der Verein Gattersäge Upjever e.V. in den Wiederaufbau der 90 Jahre alten Säge investiert. Sie wurde ursprünglich von Familie Wehmeier in Rispel betrieben.

Der Weg vom Baum zum Brett wird hier ebenfalls erklärt

Wo die friesischen Trolle wohnen

95

Bei Friesland denkt man an Weite bis zum Horizont, grün und saftig, doch Wälder sind selten zu sehen. Zwischen den Dörfern Neuenburg, Bockhorn und Zetel gibt es einen ganz besonderen. Er gehört zur Landschaft der Friesischen Wehde („Wald"), einem Geest-Rücken südwestlich des Jadebusens. Es handelt sich dabei um den Rest eines alten Hütewaldes, der einst als Waldweide für Pferde, Rinder, Schweine und Hausgeflügel diente. Mittendrin verbirgt sich **der Neuenburger Urwald, in dem vermodernde Stämme und Äste wie Märchengestalten aus dem Unterholz ragen**. Die älteste Eiche steht hier schon seit 800 Jahren.

Neuenburger Urwald
Urwaldstraße zwischen Zetel und Bockhorn
www.naturerlebnis-suedliches-friesland.de

Auch das ist Ostfriesland: im Neuenburger Urwald

96

Ein Bier im Stehen

Up'n Prüfstand
Am Hafen 4
26316 Varel
Tel.: 04451 2161
www.vareler-hafen.net

Hafenbuttjer
Tel.: 04451 6347
www.hafenbuttjer.de

Gerold Lühken hat nachgemessen: Sechs Quadratmeter sind es – außen rum, drinnen ist es noch weniger. Acht bis zehn Leute passen rein, eine ganze Handballmannschaft auch schon mal. Das kleine Häuschen im Vareler Hafen war einst eine Waage für Fischmehl und Garnelen, dann ein Bremsenprüfstand für Lkws. **Heute steht die Trinkfestigkeit hier „Up'n Prüfstand"**, denn so heißt die vielleicht kleinste Kneipe der Welt. Gastwirtin Uschi Reents öffnet sie an Sommerwochenenden. Lühken indes führt als Hafenbuttjer durch den Ort, an dem er groß wurde, bei Teer- und Darrengeruch, wenn der Beifang für Fischfutter trocknete.

Die wahrscheinlich kleinste Kneipe der Welt im Hafen von Varel

Patriarchalische Seemannsbräute

97

Die wildesten Geschichten werden erzählt im Hafen von Varel. So sollen Matrosen einst bei Schiffbruch von ihren Keuschheitsgürteln in die Tiefe gezogen worden sein, die ihnen ihre eifersüchtigen Ehefrauen umgelegt hatten. Auch könnte Friesland einmal eigene Teeplantagen besessen haben und unterirdische Rohkandisvorkommen, die Kinder im Bergbau zu Tage förderten, weil die Zuckerflöze für Erwachsene zu niedrig waren. **Das kleine Museum ist für „Kurioses, Seemannslegenden und regionale Wahrheiten" bekannt.** Das Motto trägt es schon im Namen: „Spijöök" ist Platt und bedeutet so viel wie „Späßchen" oder „Unsinn".

Kuriositäten-museum Spijöök
Kohlhofsweg 5
26316 Varel
Tel.: 04451 4488
www.spijöök.de

Hinter dieser Tür verbergen sich wilde Seefahrergeschichten

98

Eine Ausstellung wie ein Liebesbrief

Klimahaus Bremerhaven 8° Ost
Am Längengrad 8
27568 Bremerhaven
Tel.: 0471 9020300
www.klimahaus-bremerhaven.de

Eine ungewöhnliche Weltreise kann man in Bremerhaven starten. Es geht durch die wüstenheiße Sahelzone, die Antarktis oder die Südseeinseln. Dabei sind Gerüche, Geräusche und klimatische Bedingungen mit allen Sinnen zu erleben. Besucher begegnen Menschen aus den jeweiligen Regionen; sie berichten in Filmen davon, wie das Klima ihren Alltag prägt. Auch kann jeder hier testen, wie es um die eigene CO_2-Bilanz steht und Tipps für den Alltag bekommen. **Denn auch um den Klimawandel und mögliche Lösungen geht es in dieser Ausstellung**, über die Bob Geldof sagte, sie sei ein „Liebesbrief an unseren Planeten".

Die Ausstellung wurde auch visuell eindrucksvoll inszeniert

Ein Brunnen für Fingerspitzengefühl

99

Sein Geheimnis offenbart sich, wenn man vorsichtig alle Steinflächen und auch die Bronzeskulpturen „Die vier Jahreszeiten" betastet. Unter dem Motto „Wer hören will, muss fühlen" gestaltete der Künstler Andreas Rimkus einen Brunnen von Blinden, für Blinde und Sehende. In einem Projekt erarbeitete er gemeinsam mit blinden Kindern und Jugendlichen die Bronzeskulpturen. Sie modellierten ihre Gefühle zu den jeweiligen Jahreszeiten. **Im Vordergrund stand dabei die Frage: Wie „sieht" ein Blinder den Winter, Sommer, Frühling und Herbst?** Der Blindenbrunnen steht im Park der Gärten, Deutschlands größter Mustergartenanlage bei Oldenburg.

Blindenbrunnen im Park der Gärten

Elmendorfer Straße 40
26160 Bad Zwischenahn
Tel. 04403 81960
www.park-der-gaerten.de

Ein Brunnen von Blinden, für Blinde und Sehende

Christine Lendt, Journalistin und Buchautorin, hat bereits zahlreiche Reiseführer veröffentlicht zu Regionen, denen sie sich durch lange Aufenthalte besonders verbunden fühlt oder die sie gern bei Ausflügen und Reisen erkundet. So hat die Wahlhamburgerin auch in Ostfriesland viele Besonderheiten und Geheimnisse entdeckt.

Der Verlag und die Autorin freuen sich über Ihre Hinweise:
info@mitteldeutscherverlag.de

Haftungsausschluss
Die Angaben in diesem Reiseführer wurden gewissenhaft überprüft. Für die Aktualität, Korrektheit und Vollständigkeit übernimmt die Autorin keine Haftung. Die Autorin distanziert sich aus rechtlichen Gründen von allen Inhalten der aufgeführten Internetseiten. Auf aktuelle und zukünftige Gestaltung, die Inhalte oder Urheberschaft der angeführten Internetseiten hat die Autorin keinen Einfluss.

Fotografien: Hans Zaglitsch, außer Borkumer Kleinbahn: S. 120; Delderfield Klimahaus: S. 158; Die Seesterne: S. 152; Friesische Blaudruckerei: S. 151; Ute Karola Krause: S. 147; Kuriositätenmuseum Spijčök: S. 157; Christine Lendt: S. 34, 76 u., 84 o., 84 u., 100 o., 126, 127, 133, 135, 144; Adalbert Oldewurtel: S. 143; Ostfriesisches Teemuseum: S. 16, 19, 58 o., 58 u.; Schinkenmuseum: S. 104; Gwendolin Schwarz, Berlin: S. 30; Staatsbad Norderney GmbH: S. 125; Stadt Emden: S: 32; Stadt Wittmund/Gritje Peters: S. 149, 150; Tourismusbetrieb Esens-Bensersiel: S. 139; Tourismus GmbH Dornum: S. 138; Tourismus-Service Norden-Norddeich: S. 114; WikiCommons: Bin im Garten: S. 44, 106, Bjur456: S. 74 o., Temmo Bosse: S. 44 o., Cimosteve: S. 145, Columbus: S. 102, Klaus Fichtel: S. 92, Frisia Orientalis: S. 46 o., Uwe Karwath: S. 156, Matthias Süßen: S. 43 u., 46, 115, Tuxyso: S. 100, Wikiwal: S. 56 o., Dennis Wubs: S. 56 u.; www.ostfriesland.travel: S. 8, 10, 12, 14, 15, 23, 26, 36, 38 o., 38 u., 50 o., 50 u., 66 o., 66 u., 68 o., 68 u., 74 u., 76 o.–82, 94, 98, 105, 107, 111, 114, 117, 118, 132, 134, 136, 146, 156

2019

www.mitteldeutscherverlag.de

Gesamtherstellung: Mitteldeutscher Verlag, Halle (Saale)

ISBN 978-3-95462-733-2

Printed in the EU